# VERSCHWÖRUNGS
# THEORIEN

JOEL LEVY
Vorwort von Kenn Thomas

# VERSCHWÖRUNGS THEORIEN

50 umstrittene Verschwörungen
und was wirklich dran ist

Konzipiert und produziert von:
Elwin Street Productions Limited
14 Clerkenwell Green
London EC1R 0DP
www.elwinstreet.com


Delphin Verlag GmbH
Emil-Hoffmann-Straße 1
D-50996 Köln



Design und Illustration der Symbole: Jon Wainwright
Alle übrigen Illustrationen: Richard Burgess
Bildnachweis: Getty Images: S. 20, 62, 64, 66, 68;
HAARP (www.haarp.alaska.edu): S. 133; NASA: S. 117 (oben);
Science Photo Library: S. 13, 120

Deutsche Übersetzung: ARTHISTICO Holger Möhlmann,
Kocku von Stuckrad
Redaktion: Oliver Christian Weber

Gedruckt in China

ISBN 978-3-96128-366-8

www.delphinverlag.de

# Inhalt

# Vorwort

„In der Politik passiert nichts durch Zufall. Und wenn doch, dann hat es jemand so geplant."

**Franklin Delano Roosevelt**, 32. Präsident der USA

In diesem Buch zum Thema Parapolitik – um einen Ausdruck zu verwenden, der etwas besser klingt als das Wort „Verschwörungstheorien" – beschäftigt sich Joel Levy mit den komplexen Debatten, die einige der spannendsten Phänomene der Weltgeschichte umgeben. Wie in einem Handbuch lassen sich die Geschichten, um die es geht und um deren Interpretation sich Anhänger und Gegner von Verschwörungstheorien streiten, ganz einfach nachschlagen. Dem Autor geht es nicht um Sensationen, sondern um Fakten. Sein Buch richtet sich an alle, die mehr wissen wollen als das, was in den Schlagzeilen steht. Verschwörungen werden häufig in sensationslüsterner Weise verzerrt dargestellt, doch Levy beschränkt sich auf präzise Analysen und logische Schlussfolgerungen. Er akzeptiert nicht jede Theorie als absolute Wahrheit, aber er hält auch nicht alles für kompletten Nonsens.

Schauen wir uns einige der Themen an wie etwa die Entwicklung einer Autoimmunerkrankung als biologische Waffe, die Manipulation der Bevölkerungsentwicklung durch die pharmazeutische Industrie, die bewusste Desinformation der Bevölkerung nach den Anschlägen vom 11. September und nicht zuletzt die vielschichtigen, transnationalen Beziehungen bei möglicherweise bewusstseinskontrollierten politischen Attentaten. All dies klingt eher nach den Plot-Zusammenfassungen auf DVD-Hüllen zu *Akte X* oder zur Serie *Buffy – Im Bann der Dämonen* als nach der Realität. Doch jeder gute Verschwörungstheoretiker würde nun sagen, die Art und Weise, in der wichtige parapolitische Themen als leichte Unterhaltung präsentiert werden, sei Teil einer allumfassenden Verschwörung der Medien, solche Themen zu trivialisieren.

Umso nötiger ist daher ein Buch wie dieses. Denn wenn bisher die Komplexität des Themas ein solch kleines Büchlein als wenig angemessen erscheinen ließ, so ist der Erfolg der Verschwörungstheorie als Entertainment-Genre Anlass genug, es einmal mit dem griffigen Taschenformat zu versuchen. Auf angenehm ausgewogene Weise befasst sich dieses Buch mit einem beliebten und spannenden Thema, dem zahllose Fans verfallen sind und dessen Faszination niemals nachlässt.

**Kenn Thomas**, Herausgeber des Magazins *Steamshovel*

Teil 1:

# Es könnte auch Ihnen passieren ...

# Die Fluorid-Verschwörung

**US-amerikanische Unternehmen sorgen für massive Umweltverschmutzung, indem sie ihre Kunden „gesundes“, mit Fluorid versetztes Wasser trinken lassen.**

Seit den 1950er-Jahren wird das Trinkwasser in den USA und anderswo regelmäßig mit Fluorid versetzt, um Karieserkrankungen vorzubeugen. Die Weltgesundheitsorganisation, die britische Regierung, die American Dental Association und viele andere Institutionen befürworten dieses Verfahren und betonen, dass es nicht zu gesundheitlichen Problemen führt.

## Was die Verschwörungstheoretiker sagen

Die Argumente, die für eine Verwendung von Fluorid im Trinkwasser sprechen, sind äußerst fragwürdig. Auch wenn inzwischen belastbare Zahlen vorliegen und die meisten neueren Studien das Verfahren befürworten, so gibt es doch auch Stimmen, die die Aussagekraft dieser Studien in Zweifel ziehen und behaupten, dass beispielsweise Kinder auf diese Weise zu viel Fluorid aufnehmen. Kritiker verweisen darauf, dass Wissenschaftler, die sich gegen eine Fluoridierung aussprächen, schikaniert würden oder man sie zwinge, ihre Ergebnisse zu verfälschen.

Auch in relativ geringen Konzentrationen kann Fluorid zu Knochenschwund, Krebs, Vergiftungserscheinungen und Zahnproblemen führen. Toxische Bleikonzentrationen im Trinkwasser wurden auf Fluoride zurückgeführt, die die Schutzschicht im Innern von Bleirohren angreifen. Und da ein Großteil des dem Trinkwasser zugesetzten Fluorids als Nebenprodukt der Stahl- und Aluminiumverarbeitung oder der Düngerherstellung entsteht, ist es ein Umweltgift, das Arsen, Blei und andere Schwermetalle enthält.

Doch wenn die Fluoridierung ein so fragwürdiges Unterfangen ist und womöglich sogar zu Vergiftungen führen kann – warum sollen wir dann unbedingt das Gegenteil glauben? Weil es ums Geld geht. Seit den 1930er-Jahren sahen sich Industriegiganten wie US Steel oder die Aluminum Company of America (ALCOA) mit dem Vorwurf konfrontiert, sie würden die Umwelt verschmutzen.

Die Folge waren kostspielige Gerichtsverfahren. Fluorid erwies sich dabei als besonders „problematischer“ Schadstoff, denn ihn machte man für alles verantwortlich – von verseuchtem Ackerland bis zu Umweltkatastrophen im großen Stil. An erster Stelle ist hierbei der „Todesnebel von Donora“ zu nennen – eine riesige Wolke aus verschmutzter Luft, durch die 1948 in Donora, einer Hochburg der Stahl- und Zinkindustrie in Pennsylvania, 20 Menschen getötet wurden und Tausende unter Vergiftungserscheinungen litten. Die Abfallprodukte der Fluoridherstellung ordnungsgemäß zu entsorgen und kontaminierte Flächen zu reinigen, hätte Milliarden US-Dollar gekostet, und mögliche Gefahren für die Gesundheit zuzugeben, hätte zu endlosen Problemen mit den Gewerkschaften geführt.

Ein schlauer Ausweg war, Fluorid als Gewinn für die Volksgesundheit zu vermarkten. Alles, was man dafür brauchte, waren ein paar Studien, die zu beweisen schienen, dass Menschen, deren Trinkwasser hohe Fluoridkonzentrationen aufwies, weniger Kariesprobleme hatten. Hieraus würde fast zwangsläufig folgen, dass eine künstliche Fluoridierung des Trinkwassers positive Auswirkungen hätte. Der Public Health Service der Vereinigten Staaten befürwortete das Vorhaben – und wer leitete die zuständige Sicherheitsbehörde? Niemand anders als Oscar R. Ewing, ein ehemaliger Spitzenanwalt für die ALCOA. Und auch andere wichtige Männer, die sich für ein positives Image von Fluorid einsetzten, hatten enge Verbindungen zur ALCOA.

## Offizielle Version

Laut den Befürwortern der Fluoridierung existiert keine Studie, die beweist, dass Fluorid eine Bedrohung für die Gesundheit darstellt. Stattdessen gebe es zahlreiche Hinweise auf eine Verbesserung des Zahnstatus durch Fluorid über einen Zeitraum von zwei Generationen. Auch wiesen die Studien zu den negativen Auswirkungen von Fluorid fachliche Mängel auf.

## Wie viel Angst sollten Sie haben? 31 %

Glaubt man Dr. Robert Carton von der US Environmental Protection Agency, so handelt es sich bei der „Fluoridierung um den größten Wissenschaftsbetrug des Jahrhunderts, wenn nicht gar aller Zeiten“. Angesichts solcher Behauptungen ist es nicht verwunderlich, dass die Frage nach dem Sinn oder Unsinn von Fluoriden im Trinkwasser äußerst ungern offen diskutiert wird – denn irgendwer müsste am Ende womöglich einen Fehler zugeben. Und anzunehmen, das politische Establishment würde die Wirtschaft dabei unterstützen, Umweltgifte als Medizin zu verkaufen, um deren Entsorgung oder Reduzierung zu vermeiden – das hieße ja überzeugt zu sein, dass die Elite den eigenen Profit vor das öffentliche Interesse stellt, oder? Wer mag in Zeiten anderer Umweltskandale an so etwas glauben …

# Süßes Gift

**Internetaktivisten behaupten, der unter dem Namen NutraSweet bekannte Süßstoff Aspartam sei äußerst giftig.**

Der synthetische Süßstoff L-Aspartyl-Phenylalanin-Methylester (Aspartam) entstand 1965 durch Zufall im Labor des Pharmariesen GD Searle. Er ist hundertmal süßer als Zucker und wird heute weltweit in fast 5000 Produkten verwendet. Sein bekanntester Markenname ist NutraSweet.

## Was die Verschwörungstheoretiker sagen

Aspartam ist ein Excitotoxin, eine Substanz also, die die Nervenzellen stimuliert. Im Stoffwechsel des Körpers entsteht Methanol, das sich in Formaldehyd verwandelt. Letzteres ist ein extrem wirksames Gift, das eine ganze Reihe von Symptomen hervorrufen kann – von Kopfweh und Zittern bis zu Sehstörungen, Erblindung und Diabetes. Diese „Aspartam-Krankheit" wird häufig als systemischer Lupus oder multiple Sklerose fehldiagnostiziert. Auch verschiedene Krebsarten und Hirnschäden wurden bereits mit Aspartam in Verbindung gebracht.

Trotzdem hat die US-amerikanische Food and Drug Administration (FDA) die Verwendung von Aspartam in den 1970er-Jahren erlaubt, und alle anderen Regulierungsbehörden weltweit sind diesem Beispiel gefolgt. Angeblich geschah dies, weil GD Searle ungünstige Forschungsergebnisse unterschlug oder verfälschte und auch politischen Einfluss ausübte, um die Genehmigung zu erhalten. An der Spitze von GD Searle stand damals kein anderer als Donald Rumsfeld. Zu den Unternehmen, die heute Millionen mit Aspartam verdienen, gehören auch „Schurkenfirmen" wie Monsanto oder der Glutamat-Hersteller Ajinomoto. Auffällig ist, dass ein ehemaliger Leiter der FDA heute einen wichtigen Posten bei Monsanto bekleidet. Gemeinsam achten all diese korrupten Politiker und Geschäftsmänner darauf, dass die Wahrheit über Aspartam nicht ans Tageslicht kommt.

## Offizielle Version

Die Anti-Aspartam-Kampagne basiert auf unzureichender oder gar unsinniger Forschung, auf Falschdarstellungen und auf unbewiesenen Anekdoten. Die Substanz besteht aus zwei harmlosen Aminosäuren und bildet während des Verdauungsvorgangs

**Rechts:** Molekülmodell des Süßstoffs Aspartam.

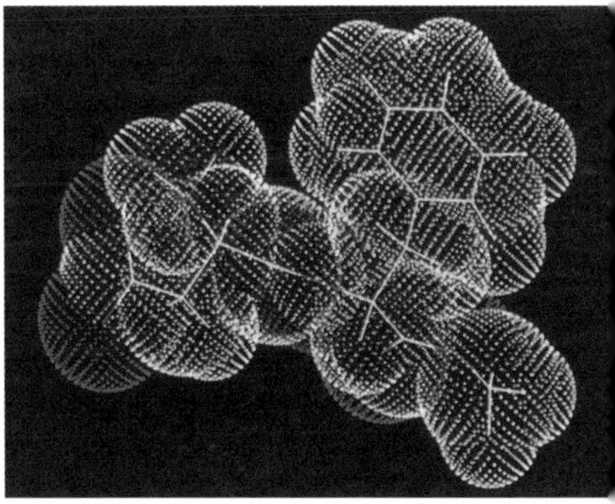

genau diese beiden Komponenten sowie eine winzige, biologisch unbedeutende Menge Methanol. Ein Softdrink enthält nur halb so viel Methanol wie ein Glas Tomatensaft. Man müsste schon 240 Liter auf einmal trinken, um eine gesundheitsgefährdende Menge zu sich zu nehmen. Und was die anderen Behauptungen angeht, so haben alle nur denkbaren Gesundheitsbehörden und -institutionen wie etwa die Fachzeitschrift *The Lancet* oder die Multiple-Sklerose-Gesellschaft sie durch Studien überprüfen lassen – und sie konnten allesamt widerlegt werden. Aspartam wurde von der FDA, den Vereinten Nationen, der Weltgesundheitsorganisation und der Europäischen Union mehrfach als sicher eingestuft. In zahlreichen, sorgfältig überwachten Testreihen konnten keine negativen Wirkungen von Aspartam nachgewiesen werden – auch nicht in hohen Konzentrationen, bei wiederholter Gabe oder wenn die Probanden behaupteten, dass sie von Aspartam stets krank würden.

## Wie viel Angst sollten Sie haben? 9 %

Hoch qualifizierte, unabhängige Experten sprechen sich zugunsten von Aspartam aus, obwohl einige Paranoiker behaupten, die FDA sei korrupt, alle anderen Behörden seien ihrer Einschätzung blind gefolgt, und „unpassende" Forschungsergebnisse seien ignoriert worden. Sie behaupten sogar, Organisationen wie die Multiple-Sklerose-Gesellschaft und etliche Diabetiker-Selbsthilfegruppen hätten insgeheim ein Interesse daran, auf die angeblich durch Aspartam hervorgerufenen Nebenwirkungen öffentlichkeitswirksam hinzuweisen. Sicherlich bleiben viele Fragen zu den Beziehungen zwischen der Politik und den weltweit agierenden Pharmariesen unbeantwortet, doch Aspartam ist mit ziemlicher Sicherheit eine ungefährliche Substanz – außer für einige wenige, offenbar extrem empfindliche Individuen.

# Die Wahrheit über AIDS

**So unterschiedliche Organisationen wie der KGB, die Anhänger von White Supremacy und die Nation of Islam behaupten, AIDS sei eine vom Menschen verursachte Epidemie. Stimmt das womöglich?**

Als in den frühen 1980er-Jahren die ersten AIDS-Fälle bekannt wurden, war man sich schnell einig, dass die Krankheit vom Humanen Immundefizienz-Virus (HIV, *human immunodeficiency virus*) ausgelöst wurde. Dieser stammte wahrscheinlich von einer bestimmten afrikanischen Affenart und war durch direkten Kontakt oder durch den Verzehr von „Buschfleisch" auf den Menschen übergesprungen.

Als AIDS den Westen erreichte, trat die Krankheit zunächst hauptsächlich innerhalb bestimmter Bevölkerungsgruppen auf – bei Schwulen, bei Drogenabhängigen und bei Schwarzen.

## Was die Verschwörungstheoretiker sagen

Dass AIDS zunächst anscheinend nur bestimmte Gruppen von Menschen betraf, führte zu der Idee, der HI-Virus sei speziell entwickelt worden, um Schwule, Schwarze und/oder Drogenabhängige zu vernichten. Der antisemitischen Nation of Islam zufolge wurde der Virus von Juden entwickelt und sollte dazu dienen, alle Schwarzen zu töten.

Basierend auf gezielter Desinformation, die der KGB in den 1980er-Jahren verbreiten ließ und die von zahlreichen westlichen Verschwörungstheoretikern aufgegriffen wurde, entstand das Gerücht, der HI-Virus werde in US-amerikanischen Laboren für chemische und biologische Waffen „hergestellt" und von der CIA zur Ausschaltung „missliebiger" Bevölkerungsgruppen genutzt.

Der südafrikanische Präsident Thabo Mbeki erklärte in den späten 1990er-Jahren, AIDS werde nicht durch HIV verursacht, sondern entstehe durch Armut und durch die medizinischen Experimente der von den Weißen kontrollierten Pharmaunternehmen.

Etwas glaubwürdigere Autoritäten wie der Wissenschaftler Robert Gallo, der als Erster den HI-Virus isolieren konnte, sahen Verbindungen zu Impfprogrammen wie etwa der Hepatitis-B-Impfung, die in den späten 1970er-Jahren an schwulen Männern in den USA getestet wurde, oder den groß angelegten Pockenimpfungen, die

die Weltgesundheitsorganisation (WHO) zwischen 1966 und 1977 in Afrika durchführen ließ.

Menschen, die an dieses Szenario glaubten, sahen in der WHO oftmals eine Marionette der Illuminaten (siehe S. 77), die die Vereinten Nationen als Instrument zur Einführung der Neuen Weltordnung benutzten.

Wem die bloße Vorstellung, eine Institution wie die US-Regierung würde ihre eigenen Bürger bewusst mit einer tödlichen Krankheit infizieren lassen, zu weit hergeholt erscheint, der sei an das Tuskegee-Experiment erinnert, bei dem genau dies geschah. Im Rahmen dieser Studie, die in den 1930er-Jahren begann und 40 Jahre umfasste, wurden arme, mit Syphilis infizierte Schwarze aus dem Süden der USA beobachtet, aber nicht behandelt und auch nicht über ihren Zustand aufgeklärt. Es

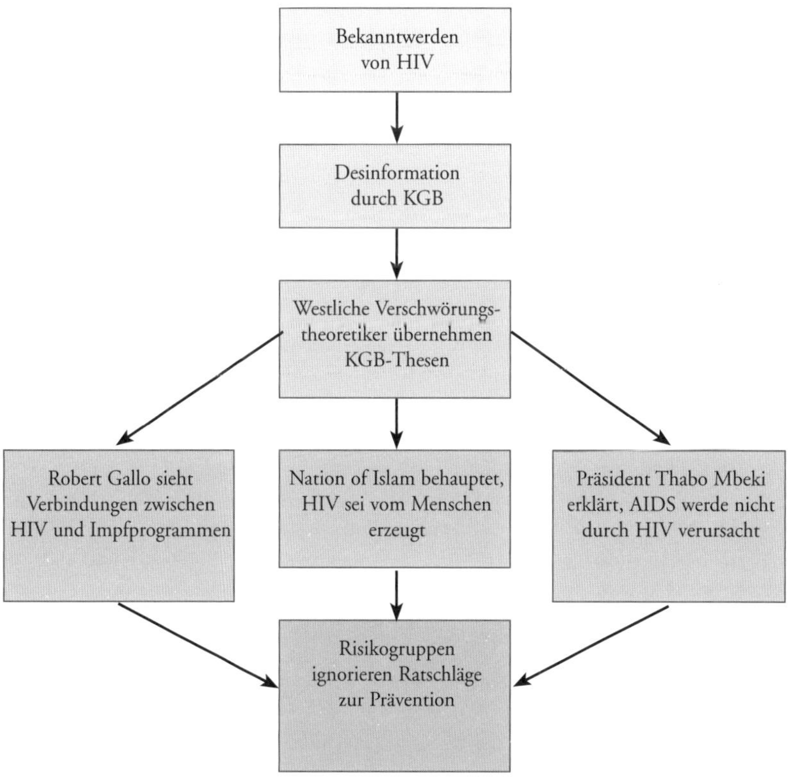

wurde sogar zugelassen, dass sie die Krankheit an ihre Frauen und Kinder weitergaben, sodass die Ärzte etwaige Auswirkungen erforschen konnten.

## Offizielle Version

Die Schulmedizin verweist auf zahllose wissenschaftliche, historische und epidemiologische Ungereimtheiten in den meisten Verschwörungstheorien. Etliche Anhänger solcher Szenarien glauben, der HI-Virus sei aus der Kombination von Retroviren vom Schaf und vom Menschen entstanden. Der HI-Virus weist jedoch keinerlei Ähnlichkeit mit solchen Viren auf, ähnelt aber stark den Retroviren bestimmter Affenarten.

Auch behaupten manche Verschwörungstheoretiker, AIDS sei in den 1980er-Jahren so plötzlich aufgetaucht, dass es sich keinesfalls um eine sich natürlich ausbreitende Pandemie handeln konnte. Und sie fragen sich, wie diese Krankheit angeblich von Afrika in die USA gelangt sein soll. Tatsächlich sind inzwischen Fälle von AIDS bekannt, die bis in die 1950er-Jahre zurückreichen, und in manchen medizinischen Fachbüchern ist sogar von noch älteren Fällen die Rede. Einige der frühen AIDS-Opfer scheinen Seeleute gewesen zu sein, die den Virus wohl an homosexuelle Männer und Drogensüchtige weitergaben. Doch dass zunächst Schwule, Schwarze und Drogenabhängige von HIV und AIDS betroffen waren, verweist nur auf die weitaus größeren Gesundheitsprobleme, mit denen diese Gruppen aus sozialen und ökonomischen Gründen oft zu kämpfen haben.

## Wie viel Angst sollten Sie haben? 0 %

An den Verschwörungstheorien zu HIV und AIDS ist nicht viel dran, doch sie hatten verheerende Auswirkungen auf die Präventionsarbeit bei Hochrisikogruppen. Menschen, die beispielsweise mit schwarzen Strafgefangenen arbeiten, wissen zu berichten, dass eine alarmierend hohe Anzahl von ihnen Präventionsangebote ablehnt – und zwar aufgrund der Verschwörungstheorien, von denen sie gehört haben. Hieran lässt sich auf ernüchternde Weise ablesen, wie Verschwörungsrhetorik zur Verbreitung extremistischen Gedankenguts benutzt wird. Und das mit verheerenden Folgen: Wie viele Millionen Menschen weltweit haben sich ohne Not mit dem HI-Virus infiziert, weil sie Verschwörungstheorien auf den Leim gegangen sind und lebensrettende Präventionsmaßnahmen ignoriert haben?

# Totale Informationskontrolle

**Alle Bürger der USA werden mithilfe fortschrittlicher Technik ständig beobachtet – von einer Regierung, die an George Orwell denken lässt.**

Nach den Anschlägen vom 11. September gründete das US-Verteidigungsministerium eine neue Behörde. Sie hieß Office of Information Awareness (OIA) und wurde von Admiral John Poindexter geleitet. Ihr erklärtes Ziel war es, ein Programm zur möglichst vollständigen Informationsüberwachung zu entwickeln und umzusetzen, auf Englisch Total Information Awareness (TIA). Bei diesem Vorhaben sollten mithilfe modernster Technologien von jedem Bürger so viele Daten wie möglich gesammelt, analysiert und gespeichert werden. Auf Druck der Demokraten sowie verschiedener Bürgerrechtsorganisationen wurde das Projekt dann aber nicht mehr weiterfinanziert.

## Was die Verschwörungstheoretiker sagen

Alles an OIA und TIA bestätigte die schlimmsten Albträume jener, die die US-Regierung mit Misstrauen betrachteten. Das ursprüngliche Logo des OIA (siehe S. 18) zeigt die vom Großen Siegel der Freimaurer übernommene Pyramide mit dem allsehenden Auge. Es überblickt eine Erdkugel, und das nebenstehende Motto lautet *scientia est potentia* – Wissen ist Macht. Dieses Logo wurde jedoch ohne viel Aufhebens durch ein anderes ersetzt, und auch der Name des Projekts änderte sich: TIA stand jetzt für Terrorist Information Awareness.

Der Name Poindexter ließ die Alarmglocken schrillen. Er war der höchstrangige Amtsträger, der im Rahmen der Iran-Contra-Affäre verurteilt worden war und bekleidete inzwischen einen wichtigen Posten in einem IT-Unternehmen, das sich auf einen lukrativen Deal mit dem OIA freuen konnte.

Die furchteinflößenden Dimensionen des TIA-Projekts ließen kaum Zweifel daran aufkommen, dass jedes Detail aus dem Leben eines jeden US-Amerikaners von Geheimdienstanalysten erfasst und ausgewertet werden sollte. Zu den verwendeten Technologien gehörten Programme, die Menschen an ihrem Gang oder ihrem Aussehen erkennen konnten, und Systeme, mit denen sich Gespräche in jede gewünschte

Sprache transkribieren und übersetzen ließen. Poindexter musste nach kurzer Zeit zurücktreten, und das OIA wurde offenbar geschlossen. Doch etliche Unterprogramme des TIA-Projekts werden weiterhin finanziert, und wer weiß schon, welche geheimen Pläne hier ausgeheckt werden, von denen auch der Kongress nichts weiß?

## Offizielle Version

Nach den Anschlägen vom 11. September waren ungewöhnliche und neue Wege, den Terrorismus zu bekämpfen und für Sicherheit zu sorgen, unerlässlich. Das TIA-Projekt diente ausschließlich der Terrorabwehr, und es gab Sicherheitsklauseln, die die Privatsphäre und die bürgerlichen Freiheiten schützen sollten. Seit das Programm eingestellt wurde und das OIA nicht mehr existiert, ist das Thema nicht mehr aktuell.

## Wie viel Angst sollten Sie haben? 92 %

Als das TIA-Programm ins Leben gerufen wurde, gab es keinerlei Verbot, es gegen Ausländer einzusetzen, und seitdem wurden ähnliche Programme entwickelt, die die US-Bürger im Visier haben. Besonders alarmierend ist jedoch die Tatsache, dass einzelne Elemente des TIA-Programms bereits seit über 70 Jahren existieren. Das Echelon-Projekt der NSA ist ein streng geheimes System zur Telekommunikationsüberwachung, das seit 1947 genutzt wird. Zusammen mit Großbritannien, Australien, Neuseeland und Kanada unterhalten die USA ein weltweites Netz von Abhörstationen, die jede Form der elektronischen Kommunikation überwachen. Wenn Ihnen also das nächste Mal ohne Angabe von Gründen die Einreise in die USA verweigert wird, versuchen Sie sich daran zu erinnern, ob Sie am Telefon eine abfällige Bemerkung über den Präsidenten gemacht oder eine regierungskritische Webseite besucht haben. Es ist durchaus möglich, dass „sie" darüber Bescheid wissen.

**Rechts:** Das ursprüngliche Logo des OIA mit der vom Großen Siegel der Freimaurer übernommenen Pyramide mit dem allsehenden Auge. Dieses Logo wurde recht bald ersetzt.

# Mysteriöse Milzbrandbriefe

**Dunkle Gerüchte umgeben die Anthrax-Anschläge in den USA. Was wusste die Regierung? Und warum wurde einigen Mitarbeitern des Weißen Hauses ausgerechnet am 11. September 2001 ein Anti-Milzbrand-Medikament verabreicht?**

Kurz nach den Anschlägen vom 11. September 2001 erhielten einige wichtige Politiker und Medienschaffende in den USA Briefe mit Milzbranderregern. Fünf Menschen starben, und 17 weitere infizierten sich. Die Absender wurden nie gefunden, und so bleibt das Motiv für die Anschläge bis heute ein Rätsel.

## Was die Verschwörungstheoretiker sagen

Das Fehlen einer eindeutigen Erklärung ließ Anschuldigungen und Verdächtigungen ins Kraut schießen. Zu besonders wilden Mutmaßungen kam es, nachdem in einem Agenturbericht behauptet worden war, einige Mitarbeiter des Weißen Hauses hätten ausgerechnet am 11. September das Anti-Milzbrand-Medikament Cipro erhalten. Hierzu wurde keinerlei Erklärung abgegeben, und die Regierung unter Präsident Bush verhinderte jede weitere Recherche nach dem Freedom of Information Act. Einige Hinweise schienen auf eine Verbindung zwischen den Briefen und Al-Qaida oder Saddam Hussein hinzudeuten. Larry Wayne Harris, ein der extremen Rechten nahestehender Mikrobiologe, der 1998 wegen des Besitzes von Milzbranderregern verhaftet wurde, war der Erste, der auf einen Zusammenhang mit dem Irak hinwies. Er behauptete, ein prominenter Iraker habe ihm erzählt, Saddam würde die Erreger mithilfe irakischer Frauen in die USA schmuggeln, und zwar um die Regierung anzugreifen. Angeblich seien mehrere Iraker verhaftet und positiv auf die Erreger getestet worden.

Die meisten Verschwörungstheoretiker sehen hierin jedoch Schutzbehauptungen, denn ihrer Meinung nach sind die wahren Schuldigen amerikanische Rechtsextreme, die möglicherweise Hilfe aus Regierungskreisen erhielten. Die bei den Anschlägen verwendeten Erreger stammten aus US-Militärbeständen, auch wenn die CIA dies vehement bestritt. Die Adressaten der Briefe waren liberale Politiker und Vertreter der bei den Rechten verhassten Medien. Es ist außerdem bekannt, dass rechtsextreme Gruppierungen bereits früher versucht hatten, über Larry Wayne Harris an Milzbranderreger zu gelangen.

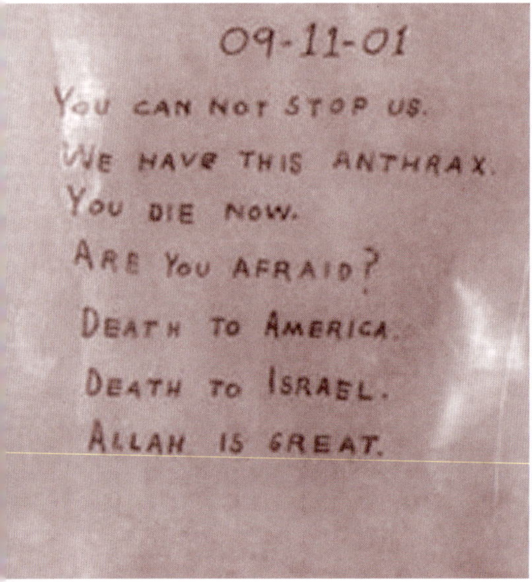


**Links:** Dieser im Oktober 2001 an Tom Daschle, den Mehrheitsführer im Senat, versandte Brief enthielt Milzbranderreger.

Um die Verwirrung perfekt zu machen, tauchten Gerüchte auf, einige der Regierung nahestehende Hersteller von Impfstoffen hätten nach den Anschlägen versucht, aus dem allgemeinen Klima der Angst Kapital zu schlagen. Es bleibt die Frage: Wie konnten die Absender der Briefe an so hochwertige, professionell aufbereitete Erregerkulturen gelangen und warum wurde bis jetzt niemand verhaftet?

## Offizielle Version

Man hört erstaunlich wenig – angeblich weil nicht viel mehr darüber bekannt ist, was genau wie passierte. Es herrscht offizielle Verwirrung sowohl über die Herkunft der Erreger als auch über die Briefe. Laut FBI und der örtlichen Staatsanwaltschaft war der Armee-Forscher Bruce Ivins für die Anthrax-Verbreitung verantwortlich. Er verstarb allerdings 2008 an einer Überdosis von Schlaftabletten. Die Untersuchungen wurden am 19. Februar 2010 eingestellt.

## Wie viel Angst sollten Sie haben? 82 %

Der Bush-Regierung kamen die Gerüchte, die die Milzbrandbriefe mit Al-Qaida und/oder Saddam Hussein in Verbindung brachten, gerade recht, denn auf diese Weise konnte die allgemeine Unterstützung ihrer Einsatzpläne für den Nahen Osten nur zunehmen. Andererseits lag ein allzu starker Rechtsruck in der Bevölkerung auch nicht in ihrem Interesse. Vielleicht lässt sich der mangelnde Erfolg der offiziellen Untersuchung auf diese Weise erklären. Unerklärlich bleibt jedoch, warum Mitarbeiter des Weißen Hauses ausgerechnet am 11. September 2001 das Medikament Cipro eingenommen haben sollen.

# Polio-Kontroverse in Nigeria

**Gut für die Gesundheit oder finsterer Plan zur Entvölkerung Afrikas? Nigerianische Moslems fragen nach dem wahren Zweck eines UN-Impfprogramms.**

Der vornehmlich von Muslimen bewohnte Bundesstaat Kano im Norden Nigerias war Anfang des Jahrtausends das Epizentrum der größten Polio-Epidemie der Welt. Von hier aus hatte sie sich auf mindestens sieben Länder in West- und Zentralafrika ausgebreitet. Ende 2003 wurde seitens der Weltgesundheitsorganisation (WHO) ein neuer, hauptsächlich von der US-Regierung finanzierter Versuch unternommen, 60 Millionen Kinder in Kano zu impfen, denn hier war die Zahl der Poliofälle im Jahr zuvor um besorgniserregende 30 Prozent angestiegen. Diese Impfaktion in Nigeria sollte entscheidend dazu beitragen, das Ziel der WHO zu erreichen, nämlich die weltweite Ausrottung von Polio bis Ende 2004.

### Was die Verschwörungstheoretiker sagen

Kano wird von einem islamistischen Gouverneur regiert. Es gilt das Gesetz der Scharia, was Kano zu einer Art autonomem Gottesstaat innerhalb Nigerias werden lässt. Den USA wird traditionell – wie fast überall in der islamischen Welt – stark misstraut, und dies zeigte sich im Dezember 2003 auf unerwartete und erschreckende Weise.

Muslimische Geistliche ließen in der Region das Gerücht verbreiten, das Polio-Serum der WHO sei verseucht bzw. es sei gar kein Impfstoff, sondern eine giftige Chemikalie, und das ganze Impfprogramm sei in Wirklichkeit ein in den USA entwickelter und von der WHO gesteuerter Plan, die muslimischen Frauen von Kano unfruchtbar zu machen. Laut Datti Ahmed, dem Präsidenten des Obersten Rates der Scharia in Kano sei „die Impfung Teil eines von den USA erdachten Komplotts zur Entvölkerung der sich entwickelnden Welt“.

Die Regierung von Kano unter Gouverneur Ibrahim Shekarau lehnte es daraufhin ab, an dem Programm teilzunehmen. Als eine von der nigerianischen Staatsregierung eingesetzte Kommission nochmals darauf verwies, dass die Skepsis unbegründet und das Serum sicher sei, sagte Sule Yau Sule, ein Sprecher des Gouverneurs von Kano, gegenüber Reportern: „Bei allem Respekt, aber ich glaube, unsere Experten wissen es besser." Erst im Juli 2004, nachdem örtliche „Experten" eine im mehrheitlich muslimischen Indonesien hergestellte Charge des Serums getestet und für sicher befunden hatten, lenkte Kano ein und beteiligte sich an dem Impfprogramm – unter der Bedingung, dass ausschließlich das indonesische Serum verwendet würde.

## Offizielle Version

Die WHO wies die Anschuldigung, an einem in den USA ausgeheckten Komplott beteiligt zu sein, vehement zurück und versicherte, ihre Impfstoffe seien einwandfrei. Zu dem gleichen Ergebnis kam die von der nigerianischen Regierung eingesetzte Expertenkommission, die den Auftrag hatte, die Stoffe zu testen. Vertreter von UNICEF warnten vor den Folgen, die das Embargo sowohl für Nigeria als auch für die angrenzenden Staaten mit sich bringen könnte. Und leider erwiesen sich ihre Warnungen als begründet. Als die Behörden von Kano endlich einlenkten und die Teilnahme am Impfprogramm erlaubten, entfielen drei Viertel aller Polio-Fälle weltweit auf Nigeria, und die Krankheit verbreitete sich mit rasender Geschwindigkeit.

## Wie viel Angst sollten Sie haben? 0 %

Viele Beobachter im Westen halten die Einwände der Moslems von Kano gegen die Impfung für absurd, und mehrfach wurde die Regierung des Bundesstaats dafür kritisiert, mit dem Leben der Einwohner zu spielen. Teilweise resultiert die Situation aus Spannungen vor Ort, doch sie macht auch deutlich, wie weitverbreitet der Glaube an Verschwörungstheorien in der islamischen Welt ist. Wie auch im Fall der angeblichen HIV- und AIDS-Verschwörung (siehe S. 14) sind die wahren Opfer dieses Triumphs des Misstrauens über die Wissenschaft wie immer die schwächsten Mitglieder der Gesellschaft.

# Handelt die CIA mit Drogen?

**Die CIA organisiert die Herstellung, die Verbreitung und den Verkauf von Drogen, um an geheime Gelder zu kommen und ethnische Minderheiten in den USA zu unterdrücken.**

Hartnäckige Gerüchte über die Rolle der CIA im illegalen Drogenhandel verdichteten sich im Zuge der Anschuldigungen zur Iran-Contra-Affäre, die 1996 in einer Artikelserie in den *San Jose Mercury News* ans Tageslicht kamen. Darin hieß es, Agenten der CIA hätten Tausende Kilo Kokain zur Herstellung von Crack nach Kalifornien gebracht und mit den Erlösen den Aufstand der Contras in Nicaragua finanziert.

## Was die Verschwörungstheoretiker sagen

Die Beteiligung der CIA am Drogenhandel begann, als der Geheimdienst während des Zweiten Weltkriegs ein Bündnis mit der Mafia einging. Später missglückte eine geplante Invasion Chinas durch von der CIA ausgebildete chinesische Paramilitärs, die sich in den birmesischen Dschungel zurückzogen, um dort Opium anzubauen und Heroin zu produzieren. Während des Vietnamkriegs taten andere von der CIA unterstützte Paramilitärs dasselbe in Thailand und Laos. Etliche Verschwörungstheoretiker behaupten, die CIA habe ihre geheime Fluglinie Air America, mit der sie ihre antikommunistischen Verbündeten in der Region mit Nachschub versorgte, auch für den Transport von Drogen zu verschiedenen Versandstellen benutzt.

In Florida ansässige, der CIA nahestehende Mafiosi schmuggelten die Drogen dann in die Vereinigten Staaten. Die enormen Profite nutzte die CIA als geheime Finanzspritzen, und die Drogen wurden angeblich bewusst zu den ethnischen Minderheiten gelenkt, um sie ruhig und friedlich zu halten.

In den späten 1970er- und frühen 1980er-Jahren wiederholte sich das Ganze in Mittelamerika. Nachdem es sozialistischen Rebellen endlich gelungen war, das seit Langem bestehende, von den USA gestützte Somoza-Regime in Nicaragua zu stürzen, gründete die CIA einen paramilitärischen Verband namens „die Contras" mit dem Ziel, einen brutalen terroristischen Aufstand anzuzetteln.

Als jedoch der US-Kongress jede finanzielle Unterstützung dieser nicaraguanischen Söldner explizit verbot, musste die CIA einen anderen Weg finden, um die Operation zu bezahlen. Und so brachten Drogenschmuggler der Contras mithilfe der CIA und ihrer Flugzeuge Kokain in die Vereinigten Staaten. Um neue Märkte für die Droge zu erschließen, die zu diesem Zeitpunkt nicht viel mehr als ein kaum gefragtes, kostspieliges Narkosemittel war, brachte die CIA etlichen Drogendealern bei, wie man Kokain in Crack verwandelt, und stellte den Kontakt zu verschiedenen Straßengangs her.

## Offizielle Version

Die Artikelserie von 1996 führte dazu, dass die CIA eine umfassende Untersuchung einleitete, bei der herauskam, dass keiner der in der Zeitung genannten Auftraggeber Verbindungen zur CIA hatte oder etwas über den Drogenhandel der Contras wusste. Vielleicht wussten einige junge Nachwuchsagenten von der einen oder anderen zwielichtigen Gestalt im Lager der Contras, doch um den Kampf gegen den Kommunismus nicht zu gefährden, mussten sie ein Auge zudrücken.

## Wie viel Angst sollten Sie haben? 75 %

Selbst wenn die CIA nie die Absicht hatte, den Drogenhandel zu unterstützen, so drängt sich doch eine Frage auf. Was passiert, wenn man eine Gruppe von Kriminellen zu einer organisierten Miliz ausbildet, sie bis an die Zähne bewaffnet und in eine Region verfrachtet, in der es zwar keine staatliche Ordnung, dafür aber beste Voraussetzungen für den Anbau von Drogen gibt? Und der man dann sagt, sie müsse auf längere Sicht einen Weg finden, sich selbst zu finanzieren? Die Antwort liegt auf der Hand. Und doch erscheint es seltsam, dass die CIA genau diesen Fehler dreimal gemacht hat, wenn man Afghanistan hinzuzählt (siehe S. 48). Auf diese Weise sind jedenfalls die drei wichtigsten Zentren der weltweiten Drogenproduktion entstanden.

Schlussendlich ist es der CIA gelungen, sich einen neuen Aufgabenbereich zu erschließen und großzügige finanzielle Unterstützung für den „Krieg" gegen ebenjenen Drogenhandel zu erlangen, den sie selbst begonnen hat. Der Leiter der US-Drogenbehörde, Bundesrichter Robert Banner, sagte hierzu in einem Interview: „Die CIA hat Drogen geschmuggelt. Das ist illegal."

# Detroit und das Elektroauto

**Klammheimlich versuchen Autohersteller und Ölproduzenten, die Entwicklung umweltfreundlicher Alternativen zum Verbrennungsmotor zu verhindern.**

Im späten 19. und frühen 20. Jahrhundert waren Elektroautos fortschrittlicher und leistungsfähiger als benzinbetriebene Autos. Erst später bescherte die Erfindung des Verbrennungsmotors einigen wenigen Autoherstellern und Ölproduzenten ungeahnte Reichtümer. Seitdem führt die zunehmende Sorge um schwindende Ölreserven, unsichere Lieferungen, schädliche Umwelteinflüsse und gesundheitsgefährdende Luftverschmutzung regelmäßig zu der Forderung nach neuen Arten der Energiegewinnung und des Autoantriebs. Doch bis heute konnte sich das Elektroauto nicht durchsetzen.

## Was die Verschwörungstheoretiker sagen

Sowohl die Fahrzeug- als auch die Ölindustrie hat ein Interesse daran, dass Autofahrer auch weiterhin den teuren Verbrennungsmotor nutzen, und zwar ungeachtet aller Auswirkungen auf Gesundheit, Umwelt oder Geldbeutel. Während der letzten 100 Jahre haben Vertreter dieser beiden Industrien alles darangesetzt, die konsequente Suche nach alternativen Energiequellen, die mit minimalem Aufwand günstige und saubere Energie für jedermann liefern könnten, zu verhindern. Immer wieder haben unabhängige Forscher und Erfinder brauchbare Lösungen entwickelt, doch ihre Ideen wurden von den Großkonzernen aufgekauft und danach meistens verworfen. Wenn die Entwickler sich weigern zu verkaufen, werden ihre Erfindungen schlechtgemacht, sie selbst der Lächerlichkeit preisgegeben oder sogar umgebracht.

Die großen Autokonzerne haben sich auch schon zusammengetan, um Initiativen seitens der Regierung zu verhindern, die den Status quo bedrohten. Das beste Beispiel hierfür war die Smog-Verschwörung in den 1950er- und 1960er-Jahren.

Smog, der hauptsächlich von Auspuffgasen verursacht wird, war in Kalifornien und anderswo zu einem immer größeren Problem geworden, und die Gesundheitsbehörden übten Druck auf die Stadt Detroit aus, um eine Verringerung der Schadstoffemissionen zu erreichen. Die dort ansässigen großen Autokonzerne ließen verlauten, sie würden gemeinsam an einer Lösung des Problems arbeiten, doch insgeheim einigten sie sich darauf, genau dies nicht zu tun, sondern jegliche Forschung zur Emissionskontrolle wirkungsvoll zu verhindern. Hinter den Kulissen betrieben sie intensive Lobbyarbeit, um Gesetzesinitiativen abzuwenden, die ihnen Veränderungen aufzwingen würden. Ihre Motivation war nicht schwer zu verstehen: Sie fürchteten, all das würde zu viel Geld kosten und ihre Profite schmälern.

Doch was hat die Smog-Verschwörung nun mit Elektroautos zu tun? 1991 taten sich drei große Autokonzerne aus Detroit zu einem Konsortium zusammen, um gemeinsam an der Entwicklung von Elektroautos zu arbeiten – und dies erinnerte dann doch sehr an die angebliche Anti-Smog-Initiative in den 1950er-Jahren. Einige Kommentatoren, denen die Parallele auffiel, verwiesen auf die halbherzigen und widersprüchlichen Versuche zur Entwicklung von Elektroautos, die die großen Konzerne in der Zwischenzeit unternommen hatten. Würde sich tatsächlich etwas ändern?

## Offizielle Version

Verfahren zur „kostenlosen Energiegewinnung" gibt es nicht. Alle Behauptungen des Gegenteils sind pseudowissenschaftlich und werden von Betrügern verbreitet, um potenziellen Sponsoren das Geld aus der Tasche zu ziehen. Was die Elektroautos betrifft, so sind hier keine Verschwörungen, sondern nur die Kräfte des Marktes am Werk. Solange die Batterietechnik keine wesentlichen Fortschritte machte, konnten Elektroautos weder in finanzieller Hinsicht noch von ihrer Leistung her mit herkömmlichen Fahrzeugen konkurrieren. Auch sind die Kosten für den Aufbau einer Infrastruktur zu bedenken, die das regelmäßige Aufladen der Batterien überhaupt erst ermöglichen würde. Ähnliche Hindernisse stehen anderen Methoden wie der Brennstoffzelle und dem Wasserstoffantrieb entgegen. Elektrische Energie spielt jedoch bereits seit Jahren eine wichtige Rolle, und zwar bei den Hybridfahrzeugen, die hinsichtlich ihrer Leistung und ihres Preises durchaus wettbewerbsfähig sind. Ihre Hersteller priesen sie lautstark an und straften damit diejenigen Lügen, die behaupten, die Konzerne würden neue Technologien immer nur verhindern.

## Wie viel Angst sollten Sie haben? 22 %

Viele enttäuschte Investoren haben die Erfahrung machen müssen, dass es keine Energie zum Nulltarif gibt. Und was eine mögliche Verschwörung gegen Elektroautos angeht, so müsste es sich hierbei um ein weltweites, Generationen übergreifendes Komplott handeln, von dem vor allem die OPEC-Staaten profitieren würden. Wahr ist allerdings wohl, dass große Konzerne oft so lange vor teuren Veränderungen zurückschrecken, bis sie durch ihre Kunden oder neue Gesetze dazu gezwungen werden.

Auch wenn man sich in der Ford-Entwicklungsabteilung bewusst ist, dass Automobilmotoren Gase bilden, so ist man doch der Ansicht, dass diese sich schnell in der Atmosphäre auflösen und kein Luftverschmutzungsproblem darstellen ...

BRIEF DER FORD MOTOR COMPANY AN KENNETH HAHN, 1953

... Die in der AMA zusammengeschlossenen Automobilhersteller beschlossen gemeinsam, keinerlei Schritte zur Erforschung, Entwicklung, Herstellung und Montage von Gerätschaften zur Schadstoffbekämpfung zu unternehmen. Sie taten jedoch alles in ihrer Macht Stehende, um eine solche Erforschung, Entwicklung, Herstellung und Montage zu verhindern.

VERTRAULICHE MITTEILUNG DES US-JUSTIZMINISTERIUMS, 1968

# Kein Mittel gegen Krebs?

**Ein Mittel gegen Krebs ist seit Jahrzehnten bekannt, doch aufgrund einer gigantischen Verschwörung der Pharmaindustrie wird diese Information zurückgehalten.**

Jedes Jahr wird bei etwa 15 Millionen Menschen Krebs diagnostiziert, und die Inzidenzrate steigt kontinuierlich an. Die Anzahl der Krebstoten liegt bei fast 10 Millionen Menschen pro Jahr. Und auch wenn sich die Behandlungsmethoden im Laufe der letzten 100 Jahre dramatisch verbessert haben, können doch nur sehr wenige Menschen geheilt werden.

## Was die Verschwörungstheoretiker sagen

Die wahren Auslöser von Krebs sind seit Langem bekannt, und eine einfache Heilmethode wurde ebenfalls bereits entwickelt.

Einer Theorie aus der Alternativmedizin zufolge entdeckte Royal Raymond Rife (1888–1971) in den 1930er-Jahren, dass Krebs von Viren verursacht wird und dass diese mithilfe der Radionik, d. h. der Wissenschaft von den elektromagnetischen Schwingungen in lebenden Organismen, zerstört werden können. Der Patient werde auf diese Weise vollständig geheilt, oft schon durch eine einzige Sitzung. Als diese Methode allzu beliebt wurde, hätten die American Medical Association (AMA) und die Regierung der Vereinigten Staaten zum Kreuzzug gegen Rife aufgerufen. Sie hätten ihn einen Scharlatan genannt und Ärzten, die seine Geräte benutzten, mit dem Entzug der Lizenz gedroht.

Eine andere Theorie geht davon aus, dass Krebs durch einen Mangel an Amygdalin, auch bekannt als Lätril oder fälschlich als „Vitamin B17“ bezeichnet, verursacht wird. Diese Substanz finde sich hauptsächlich in Aprikosen und anderen Steinfrüchten, und in Regionen wie etwa Zentralasien, in denen Steinfrüchte zu den Hauptnahrungsmitteln gehörten, sei Krebs unbekannt. Diese Information werde jedoch in den USA unterdrückt. Schriften, die Lätril positiv beurteilen, würden vernichtet und ihre Autoren verklagt.

Dieser gigantischen Verschwörung lägen die ureigenen Interessen jener zugrunde, die am meisten von der Geißel Krebs profitierten – nämlich die großen Pharmakonzerne, die an giftigen und gefährlichen Medikamenten riesige Summen verdienten und die angeblich verhinderten, dass alternative und/oder natürliche Heilmethoden offiziell zugelassen würden. Auch Krebsspezialisten, Kliniken und Pflegekräfte seien an der Verschwörung beteiligt, denn wenn der Krebs besiegt würde, hätten sie alle keine Arbeit bzw. keine Patienten mehr. Auch die Krankenkassen seien eingeweiht, denn sie würden überflüssig, sobald der Krebs besiegt sei, und nicht zuletzt die US-Regierung, der der Krebs als Mittel gegen Überbevölkerung womöglich gerade recht komme.

## Offizielle Version

Die Theorie von der großen Krebsverschwörung verfängt aus zwei Gründen nicht. Der erste Grund betrifft die zugrunde liegende „Wissenschaft", der zweite die Motivation und Logistik der angeblichen Verschwörung.

Keine der genannten Heilmethoden hält einer genaueren Überprüfung stand. In Einzelfällen mögen sie wirksam gewesen sein, doch im Rahmen seriöser wissenschaftlicher Tests haben sie versagt. Die von Rife ins Spiel gebrachte Radionik ist hierfür das beste Beispiel. Der Wissenschaftler verließ sich dabei auf die Methoden von Dr. Albert Abrams, einem der größten Betrüger in der Geschichte der Medizin. Die Radionik ist eine klassische Pseudowissenschaft: Sie klingt bestechend, das Equipment wirkt glaubhaft, und offenbar kann sie auch in Testsituationen überzeugen.

Doch hierbei handelt es sich ausschließlich um Tests, die von den Verfechtern der jeweiligen Theorie entworfen und durchgeführt werden – so ließen sich etwa Rifes krebserzeugende Viren nur mittels des von ihm selbst entwickelten Spezialgeräts erken-

**Links:** 1933 stellte Royal Raymond Rife sein Universalmikroskop der Welt vor. Mit seiner Hilfe und mit den bahnbrechenden Methoden der Radionik könne er den Krebs heilen, behauptete der Erfinder.

nen. Eine häufig wiederholte Behauptung im Zusammenhang mit alternativen Heilmetholden lautet, diese würden unterdrückt, weil sie praktisch kein Geld kosteten. Warum also verlangten Rife und seine Nachfolger so viel Geld für ihre Behandlungen und hüteten die Geheimnisse des Radionik-Verfahrens so sorgfältig?

Auf einer etwas allgemeineren Ebene ist es absurd und beleidigend anzunehmen, das gesamte Gesundheitswesen würde mögliche Verfahren zur Heilung von Krebs bewusst sabotieren wollen. Pharmaunternehmen müssen immer neue Medikamente entwickeln, denn die Patente ihrer alten Produkte laufen nach einigen Jahren ab. Wenn also ein natürliches Heilmittel entdeckt wird, werden die Unternehmen versuchen, den Wirkstoff zu isolieren und zu verbessern. Und zumindest einige Ärzte, Schwestern und Pfleger haben gute Absichten, und würde ein Mittel gegen Krebs entdeckt, so könnten sie ja immer noch auf andere Bereiche der Medizin umschulen.

## Wie viel Angst sollten Sie haben? 0 %

Man sollte skeptisch und misstrauisch bleiben, wenn alternativmedizinische Schwindler aus der Verzweiflung todkranker Patienten Kapital schlagen wollen. Sicherlich ist die Schulmedizin oft konservativ und tut sich schwer mit neuen Ansätzen, doch das ist manchmal auch gut so. Auf diese Weise schützt sie uns vor Täuschungen und Irrwegen.

# Chemtrails

**Im Auftrag der US-Regierung und des Militärs lassen Flugzeuge mit ihren Abgasen mysteriöse Substanzen in die Atmosphäre entweichen.**

Die Abgase von Flugzeugen enthalten Wasserdampf, der in der kalten Höhenluft kondensiert und zu kleinen Eiskristallen gefriert. Auf diese Weise entstehen die Kondensstreifen, die die Flugzeuge hinter sich herziehen. Normalerweise verschwinden sie schnell wieder, doch in den letzten Jahrzehnten ist die Angst vor „Chemtrails" gestiegen – also vor Kondensstreifen, die sich länger halten und die sich langsam am Himmel ausdehnen, als würden sie Wolken bilden. Angeblich würden diese Chemtrails durch das Versprühen von Chemikalien entstehen.

## Was die Verschwörungstheoretiker sagen

Die Dauerhaftigkeit dieser Kondensstreifen sowie ihre Tendenz, sich auszudehnen, lassen sich nicht einfach durch Atmosphärenphysik erklären. Etwas muss dem Flugzeugtreibstoff zugesetzt sein oder wird separat in großer Höhe versprüht. Menschen, die unterhalb solcher Chemtrails leben, klagen über Krankheiten wie Krebs, chronische Müdigkeit oder Alzheimer. Auch für seltsame Wetterphänomene sollen die Trails verantwortlich sein, außerdem dafür, dass gel- und seifenartige Substanzen sowie seltsame Fasern vom Himmel regnen, die als „Engelshaar" bezeichnet werden. Die Analyse solcher angeblichen Chemtrail-Niederschläge soll ergeben haben, dass sie Schwermetalle, Bakterien und sogar rote Blutkörperchen enthielten. Und jeder, der einmal nach oben schaut, kann wohl sehen, wie zeitweise mehrere Flugzeuge zugleich ganze „Netze" aus Chemikalien speziell über städtischen Ballungsgebieten bilden.

Auf die Frage nach dem Wer und dem Warum gibt es verschiedene Antworten. Möglicherweise will die US-amerikanische Regierung die gesamte Bevölkerung vergiften oder testet eine Art Massenimpfung. Vielleicht sind die Chemtrails auch ein Versuch, das Wetter zu beeinflussen (Cloud Seeding) oder die Auswirkungen des Klimawandels zu bekämpfen. Dies alles sind keine Hirngespinste. Während des Kalten Krieges wurde die Methode des Cloud Seeding auf beiden Seiten stark gefördert, sodass sie heute hochwirksam ist.

In öffentlich zugänglichen Dokumenten finden sich Hinweise auf den Wunsch der Militärs, das Wetter zu kontrollieren, und 1997 veröffentlichte der renommierte

## Die Auswirkungen von Chemtrails

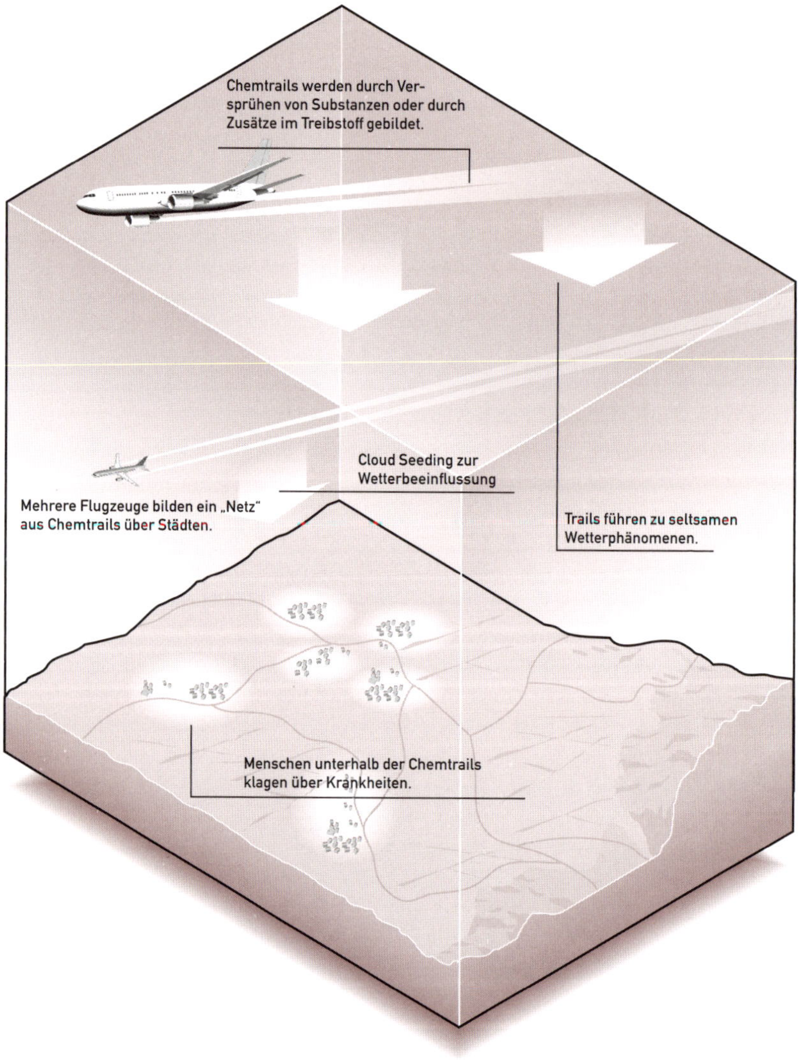

Physiker und Erfinder der Wasserstoffbombe Edward Teller seinen Plan zur Bildung sogenannter Cloudscreens in großer Höhe, um Hitze ins All zurück zu reflektieren und so die Erderwärmung zu verringern.

Einer anderen Erklärung zufolge hätten angebliche Insider der United States Air Force verraten, dass die Chemtrails als Verbindungskanäle angelegt würden, die sich über Hunderte von Kilometern erstrecken und als Leiter zur Übertragung von Radiowellen dienen sollen. Angeblich besteht hier eine Verbindung zum HAARP Aurora-Projekt (siehe S. 133).

## Offizielle Version

Wenn sich viel Wasser in der Atmosphäre befindet, dann verschwindet ein Kondensstreifen nicht so schnell. Aus den Eiskristallen und den Rußpartikeln der Abgase entstehen immer mehr und immer größere Tröpfchen, die sich schließlich zu einer sich langsam ausbreitenden Wolke verdichten. Auch gibt es heute mehr Kondensstreifen am Himmel, weil der Flugverkehr zugenommen hat und die Atmosphäre möglicherweise feuchter ist als früher.

„Engelshaar" ist ein bekanntes Naturphänomen. Es wird vorwiegend von jungen Spinnen produziert, die zu Millionen schlüpfen und anschließend die feinen Fasern nutzen, um sich vom Wind tragen zu lassen. Angebliche „Netze" aus Kondensstreifen über großen Stadten werden von starkem Flugverkehr verursacht. Zu den Berichten über Chemtrail-Niederschläge und ihre angeblichen Inhalte fehlen die Beweise. Und zu den Radiokanälen ist zu sagen, dass sie angesichts bereits existierender Satellitentechnologie sinnlos wären.

## Wie viel Angst sollten Sie haben? 0 %

Die Methode des Cloud Seeding gibt es wirklich, und es ist recht wahrscheinlich, dass das Militär sie weiterhin testet. Auch ist bekannt, dass Flugzeuge der US Air Force eine Art „Engelshaar" abwarfen, um während des NATO-Bombardements in Serbien Stromleitungen kurzzuschließen – ein bis dahin geheimes Verfahren. Doch das alles bedeutet noch lange nicht, dass die Regierungen der Welt, ihre Streitkräfte, Airlines, Luftfahrtbehörden und Privatpiloten alle zusammen Teil einer großen Verschwörung sind, die routinemäßig mit solchen Methoden experimentiert. Ein solches Geheimnis zu bewahren, ist schlichtweg unmöglich. Die simple Wahrheit ist, dass sich 99 Prozent aller angeblichen Chemtrails physikalisch erklären lassen. Sie mögen umweltschädlich sein – auch wenn sie ironischerweise die globale Erwärmung (wie von Teller geplant) kurzfristig aufhalten. Hinterlistig sind sie aber nicht.

Teil 2:

# Politische Verschwörungen und phänomenale Vertuschungen

# Operation Stay Behind

**Ein dubioses Bündnis aus Ex-Nazis und Antikommunisten versuchte durch Einschüchterung, Intrigen und Gewalt, die Politik im Nachkriegseuropa zu beeinflussen.**

Noch bevor der Zweite Weltkrieg zu Ende war, sahen etliche US-Amerikaner die Russen als die neuen Feinde und planten den nächsten Krieg – diesmal gegen den Kommunismus.

## Was die Verschwörungstheoretiker sagen

Die Vereinigten Staaten rekrutierten viele Nazis, vor allem Geheimagenten, für die von dem ehemaligen Generalmajor der Wehrmacht Reinhard Gehlen geleitete Organisation Gehlen, aus der ein neuer antikommunistischer Geheimdienst in Westdeutschland hervorgehen sollte. Den Weg zu Gehlen fanden fast ausschließlich Mitglieder der SS, der Gestapo und des Sicherheitsdienstes der SS (SD), darunter einige der schlimmsten Nazi-Kriegsverbrecher.

Zur selben Zeit begannen die Amerikaner im übrigen Europa mit der Operation Stay Behind. Dabei bedienten sie sich eines Netzwerks von Faschisten, denen ermöglicht wurde, ihrer gerechten Strafe zu entkommen, und die dafür eine antikommunistische Infrastruktur samt Spionen, Soldaten und Waffenlagern errichteten. Stay-Behind-Kader waren in Frankreich, Belgien und den Niederlanden aktiv, am meisten aber in Italien, wo die Operation Gladio hieß (nach dem italienischen Wort für „Schwert").

Hinter dem Ganzen stand die Überlegung, dass das Stay-Behind-Netzwerk im Fall eines sowjetischen Angriffs die Basis für den Widerstand bilden würde. Doch die neofaschistische Organisation zeigte schon bald ihr wahres Gesicht und mischte sich in die Politik ein, um den demokratisch legitimierten Aufstieg sozialistischer und kommunistischer Parteien zu bekämpfen.

In Frankreich zum Beispiel setzten sie linke Politiker auf schwarze Listen und waren an versuchten Attentaten auf den ihrer Ansicht nach zu kommunistenfreundlichen Charles de Gaulle beteiligt. In Italien waren die Sozialisten an der Wahlurne immer erfolgreicher, also wandte die Operation Gladio eine immer brutalere „Strategie der Spannung" an.

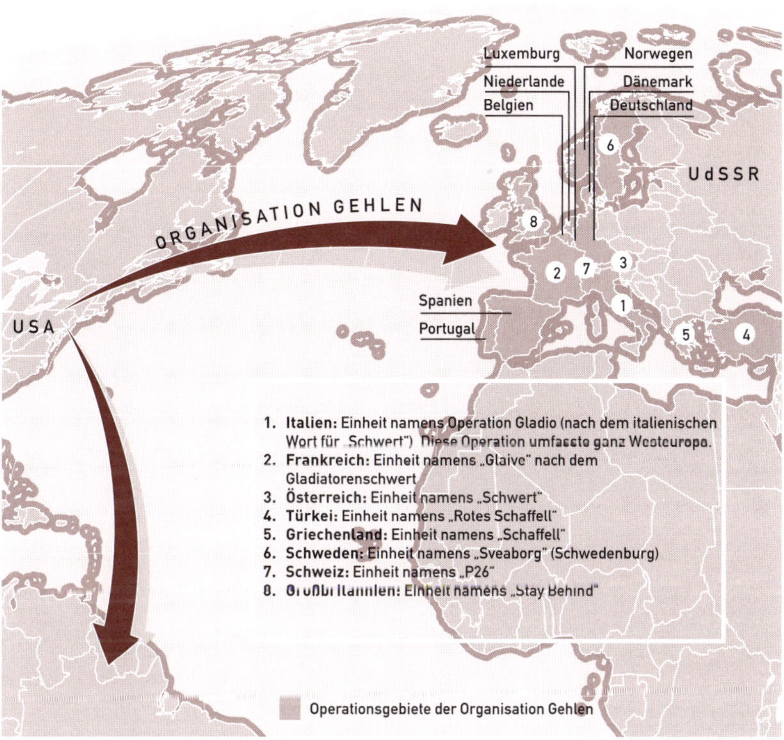


Das Ziel bestand darin, getarnt als Linksterroristen schreckliche Gräueltaten zu verüben und so die Linke zu diskreditieren.

Die CIA und ihr neofaschistisches Netzwerk in Europa gründeten auch die angeblich kommunistischen Roten Brigaden und beauftragten sie mit der Ermordung des italienischen Premierministers Aldo Moro im Jahr 1978 (Moro hatte versucht, die Sozialisten für seine Regierung zu gewinnen) und mit dem Bombenanschlag auf den Bahnhof von Bologna zwei Jahre später.

Die Neofaschisten verfügten über exzellente Verbindungen zur Mafia, zur katholischen Kirche und zu den spanischen Faschisten unter Franco, und auch in den Vatikan und nach Lateinamerika streckten sie ihre Fühler aus.

Einer ihrer Verbündeten war P2, eine von den Freimaurern inspirierte Geheimloge, die die Geldwäsche in der Vatikanbank koordinierte und rechtsgerichtete Diktatoren in Südamerika unterstützte. 1978 plante P2 gemeinsam mit wichtigen Persönlichkeiten des Vatikans die Ermordung von Papst Johannes Paul I. (siehe S. 103).

## Offizielle Version

Die Theorie einer antikommunistischen Verschwörung im Nachkriegseuropa ist zum größten Teil Unsinn. Es stimmt, dass einige Vertreter des Nazi-Regimes angeworben wurden, um dem Westen bei der Bekämpfung des Kommunismus zu helfen, doch es wäre unmenschlich und nahezu undurchführbar gewesen, jeden auszurangieren, der Verbindungen zu den Nazis hatte. Der Westen unter Führung der USA hatte eine höhere Pflicht, nämlich die freie Welt vor der Bedrohung durch den Kommunismus zu schützen.

Menschen, die ihre Freiheit vom Joch der stalinistischen Tyrannei den Anstrengungen der CIA und ihrer europäischen Partner verdanken, sollten nicht überkritisch sein. Was die Vorgänge in Italien angeht, so gibt es keine eindeutigen Beweise für eine Verbindung zwischen den Roten Brigaden und der CIA oder anderen Geheimdiensten. Die offiziellen Untersuchungen der italienischen Behörden bestätigen dies. Papst Johannes Paul I. schließlich ist eines natürlichen Todes gestorben.

## Wie viel Angst sollten Sie haben? 56 %

Vieles an dieser Verschwörungstheorie mag man bezweifeln. Der Tod von Aldo Moro zum Beispiel war tragisch und sonderbar, doch es gibt kaum Hinweise auf eine Verbindung zur CIA. Anderes wiederum ist allgemein bekannt. So hat die CIA in den Nachkriegsjahren tatsächlich viele zwielichtige Gestalten angeworben und finanziert. Wichtige Persönlichkeiten aus jener Zeit geben offen zu, dass im Namen des Kampfes gegen den Kommunismus alle Arten von fragwürdigen Manövern erlaubt waren. Die Auswirkungen dieser Denkweise sind noch heute spürbar – etwa in den Hassparolen rechtsextremer Gruppierungen. Und es kursieren nach wie vor Gerüchte über unentdeckte Waffendepots der Operation Stay Behind, die angeblich überall in Europa an geheimen Orten angelegt wurden.

# Die Bush-Saudi-Connection

**Die Präsidentenfamilie Bush unterhielt enge und sehr profitable Beziehungen zu den herrschenden Familien in Saudi-Arabien. Was bekamen diese dafür zurück?**

Saudi-Arabien wird vom Hause Saud regiert. Andere wichtige Dynastien des Landes sind zum Beispiel die Familien Bin Laden und Mahfuz. Seit die US-Regierung zugeben musste, dass in den Tagen nach dem 11. September, als angeblich keine Flüge erlaubt waren, 140 saudische Staatsangehörige, darunter Mitglieder des Königshauses und der Familie Bin Laden, mit speziellen Flugzeugen aus den USA ausgeflogen wurden (siehe S. 56), standen die Beziehungen des Bush-Clans zu den Saudis im Zentrum der weltweiten Aufmerksamkeit. Auch wurde bekannt, dass Prinzessin Haifa bint Faisal, Ehefrau des saudischen US-Botschafters und Tochter des verstorbenen Königs Faisal, einigen Männern, die zu den Flugzeugentführern vom 11. September in engem Kontakt standen, Hunderttausende US-Dollar zukommen ließ.

## Was die Verschwörungstheoretiker sagen

Es besteht ein komplexes Netz an Beziehungen zwischen dem Bush-Clan und den herrschenden Familien Saudi-Arabiens. Viel hierzu findet sich in Craig Ungers Buch *Die Bushs und die Sauds.* Unger behauptet, führende Familien aus dem Wüstenkönigreich hätten 1,4 Milliarden US-Dollar in Unternehmen investiert, die mit den Bushs oder ihrem Umfeld in Verbindung gebracht werden – darunter Halliburton, die Carlyle Group und Harken Energy, mit denen George W. Bush sein Vermögen gemacht hat.

Und was haben die Saudis davon? Zunächst einmal waren sie eng mit zwei US-Präsidenten befreundet, die Kriege in ihrer Region anzettelten. So konnten sie aktiv in die US-Politik eingreifen, zum Teil sogar in wichtigen Entscheidungsgremien. Zweitens möchten die Saudis eine allzu genaue Überprüfung ihrer Finanzvergehen (darunter die Unterstützung von Terroristen) auf jeden Fall vermeiden. Der Ausschuss, der das Versagen der Geheimdienste im Vorfeld des 11. September untersuchte, wollte etliche Informationen zu den Saudis öffentlich machen, doch die Regierung Bush hatte dies verboten.

Sehr viel Aufmerksamkeit erlangten jene 28 Seiten des Kongressberichts, die als geheim eingestuft wurden und der Öffentlichkeit nicht zugänglich waren. Personen, die diese Seiten angeblich kennen, behaupten, darin gehe es um die Beziehung der saudischen Regierung zu den Attentätern des 11. September. Während eines Interviews mit dem Fernsehsender CBS bestätigte Chefermittlerin Eleonor Hill lediglich, dass auf den bewussten Seiten von „ausländischer Unterstützung für die Entführer" die Rede sei.

Trotz der Bitte mehrerer US-Senatoren, die Namen jener saudischen Organisationen und Personen zu nennen, die im Zusammenhang mit der Finanzierung von Al-Qaida untersucht wurden, weigerte sich die Bush-Regierung, diese Namen auf die Terror Watch List zu setzen. Mehr noch: Einen Tag nach der Anfrage wurden die Namen zur Geheimsache erklärt. Auf diese Weise wurde sichergestellt, dass den saudischen Freunden der Familie Bush eine öffentliche Untersuchung erspart blieb.

Es gibt auch Hinweise auf ein dunkleres Motiv für das Bündnis zwischen den Bushs und den Sauds – und für dessen spätere Vertuschung. Es wird behauptet, beide Familien hätten gewusst, dass die Anschläge vom 11. September unmittelbar bevorstanden, doch sie hätten nichts getan, um sie zu verhindern (siehe S. 56). Auch hätten sie die Irak-Invasion gemeinsam geplant, um den Mittleren Osten im Sinne der Interessen der USA und Saudi-Arabiens neu zu ordnen.

## Offizielle Version

An den Beziehungen zwischen den Bushs und den Saudis ist nichts Heimliches und nichts Illegales. Natürlich investieren saudische Familien in den USA, und so landet ein Teil des Geldes zwangsläufig auch bei den (Öl-)Firmen der Bushs und ihrer Freunde. Doch es gibt auch einen politischen Grund für die engen Beziehungen. Saudi-Arabien ist einer der engsten Verbündeten der USA im Mittleren Osten, ein wichtiger strategischer Partner in einer feindlichen Region. Die Informationen über die Verbindungen der Saudis zu den Terroristen des 11. September wurden von daher zurückgehalten, um einen wichtigen Verbündeten nicht in Verlegenheit zu bringen.

## Wie viel Angst sollten Sie haben? 70 %

Wenn zwei so mächtige Familien wie die Sauds und die Bushs gemeinsame Sache machen, sollten alle anderen aufpassen. Die USA brauchen Stützpunkte in Saudi-Arabien und Zugang zu den Ölquellen. Die Sauds wiederum brauchen für ihre despotische Herrschaft die Unterstützung der USA. Ob sich hieraus eine Verschwörung hinsichtlich der Anschläge vom 11. September konstruieren lässt, ist eine andere Frage. Ohne Zweifel wurden jedoch einige fragwürdige Vorgänge erfolgreich vertuscht.

# Das Bilderberg-Rätsel

**Ein geheimer Klub aus Mitgliedern der europäischen und nordamerikanischen Elite trifft sich einmal im Jahr, um zukünftige Präsidenten und Premierminister zu küren und den Verlauf der Geschichte zu beeinflussen.**

1954 riefen vier einflussreiche europäische und amerikanische Persönlichkeiten ein jährliches Treffen aufstrebender Personen aus den Bereichen Wirtschaft, Politik und Medien ins Leben. Das erste Treffen fand im Bilderberg-Hotel in den Niederlanden statt. Bis vor einiger Zeit war erstaunlich wenig über die Gruppe bekannt.

## Was die Verschwörungstheoretiker sagen

Verschwörungstheoretiker suchen immer nach der kleinen Elitetruppe, die die Geschicke der Welt lenkt, und Bilderberg passt da ganz gut ins Muster. Die Mitglieder des Klubs stammen ausschließlich aus Europa und Nordamerika und sind meist sehr reich und mächtig. Eines der Gründungsmitglieder war der polnische Diplomat und Geschäftsmann Josef Retinger, den manche für einen Strohmann der CIA und des MI6 hielten. Ein weiteres Gründungsmitglied war David Rockefeller, Spross jenes internationalen Bankhauses, in dem etliche amerikanische Verschwörungstheoretiker die Wurzel allen Übels sehen.

Der Tagungsort ist jedes Jahr ein anderer, und immer wird er strengstens bewacht. Journalisten, die versuchen, über die Gruppe zu berichten, bekommen es schnell mit schwarz gekleideten Männern zu tun, die in Autos mit getönten Scheiben sitzen. Die Tatsache, dass noch jeder Versuch, über die Aktivitäten der Gruppe zu berichten, aufgrund des bedeutenden Einflusses, den etliche Bilderberg-Mitglieder auf die Medien ausüben, verhindert worden ist, ermöglichte es der Gruppe, über Jahrzehnte lang in aller Heimlichkeit zu agieren – und das trotz einer Gästeliste, die sich wie das Who's who der westlichen Gesellschaft liest.

Doch was passiert nun auf den Bilderberg-Konferenzen? Vor allem wird dort entschieden, wer in Amerika und Westeuropa demnächst die Macht übernehmen wird. Praktisch jeder britische Premierminister und US-amerikanische Präsident der letzten Jahrzehnte hat zu Beginn seiner Karriere mindestens einmal an einem Bilderberg-Treffen teilgenommen. Die Mitglieder wählen ihre künftigen Kandidaten aus, bauen sie auf, nutzen ihren weitreichenden Einfluss, um sicherzustellen, dass diese weiter vorankommen. Und damit ihre Favoriten die Wahlen auch gewinnen, üben sie Druck auf die Wirtschaft und die Medien aus. So viel zum Thema Demokratie. Es ist ohnehin nicht wichtig, wen das Volk wählt, denn wahrscheinlich gehören bei fast jeder Wahl beide Kandidaten dem Klub an.

Doch die Bilderberg-Treffen beeinflussen auch ganz direkt den Verlauf der Weltgeschichte. So wurde auf einer dieser Versammlungen der Krieg gegen Serbien beschlossen, und zweifelsohne erhielten Vater und Sohn Bush hier grünes Licht für ihre Kriegseinsätze im Persischen Golf.

## Offizielle Version

Die Bilderberg-Konferenzen sollen seit jeher dazu dienen, wichtige Persönlichkeiten aus dem gesamten politischen Spektrum in einem informellen Rahmen zusammenzubringen. Die Gästelisten werden sehr sorgfältig zusammengestellt. Die Treffen sind privat, aber nicht geheim. Der private Rahmen ist jedoch wichtig, denn nur so können die Gäste offen und frei sprechen. Deshalb wird auch so viel Wert auf Diskretion gelegt. Es stimmt jedoch nicht, dass eine Berichterstattung aktiv verhindert wird, denn viele Informationen zu Abläufen und Gästelisten sind öffentlich zugänglich. Und das Thema Sicherheit ist bei solch hochkarätigen Teilnehmern natürlich von allergrößter Wichtigkeit.

Die Bilderberg-Treffen bieten politischen Entscheidungsträgern ein Forum für Debatten in einer zwanglosen Atmosphäre. Die anschließenden Diskussionen bilden den Hintergrund, vor dem dann Entscheidungen getroffen werden können. Doch die Treffen entscheiden nicht über die Politik als Ganzes. Das Leitungsgremium, das die Gäste auswählt, hat ein Auge für Talente, und außerdem wissen gut informierte Menschen ohnehin, wer zum vielversprechenden Nachwuchs in Politik und Wirtschaft gehört. Auf den Treffen geht nichts Unsauberes vor sich, und die Teilnehmer lassen auch nicht ihre Beziehungen spielen, um die Karriere einzelner Gäste zu fördern – auch wenn Networking natürlich ein großes Thema ist.

## Wie viel Angst sollten Sie haben? 50 %

Auch wenn wir den Bilderberg-Mitgliedern nichts unterstellen wollen und davon ausgehen, dass ihre Tagungen keinen bösen Zwecken dienen, so sind diese Konferenzen doch im Kern undemokratisch. Hier kommen ausschließlich reiche Mitglieder der Elite zusammen und diskutieren wichtige Themen unter Ausschluss der Öffentlichkeit. Diese Treffen sind extrem einflussreich – und das obwohl ihre Teilnehmer nur einer kleinen Schicht in einem kleinen Teil der Welt angehören.

# Enron gegen das Volk

**Wurde der Enron-Skandal nur durch finanzielles Missmanagement verursacht oder steckt mehr dahinter?**

Enron begann 1985 als kleine Brennstofffirma in Houston und belieferte Kunden mit Erdgas. Mit der Zeit entwickelte sich das Unternehmen zu einem der wichtigsten Erdgashändler auf dem weltweiten Energiemarkt, bis im Jahr 2001 der Tipp eines Whistleblowers zu einer umfassenden Überprüfung der Unternehmensfinanzen und schließlich zum Zusammenbruch des Konzerns führte. Enron verlor seine Börsennotierung, und mehrere Vorstandsmitglieder wurden strafrechtlich verfolgt, darunter auch der frühere Vorstandsvorsitzende Kenneth Lay. Angestellte und Anleger verloren Milliarden US-Dollar, darunter auch ihre Aktienoptionen und Alterspensionen.

## Was die Verschwörungstheoretiker sagen

Die Hauptverantwortlichen bei Enron haben ihre Angestellten und Investoren mithilfe von Freunden in der Regierung im großen Stil betrogen und sich durch umfangreiche Spenden politischen Einfluss gesichert. Durch diesen Einfluss konnte das Unternehmen stark wachsen, bevor der Betrug überhaupt entdeckt wurde. Später dann wurden die Hauptschuldigen durch eben diesen Einfluss angeblich vor Verfolgung geschützt.

Enrons Aufstieg zum Darling der Finanzwelt fiel zeitlich mit einer massiven Deregulierung der Energiemärkte in Texas und insgesamt in den USA zusammen. Diese Deregulierung wurde von Abgeordneten durchgefochten, denen Enron dafür großzügige Spendengelder zahlte. Einer der prominentesten Empfänger war angeblich der spätere Präsident George W. Bush, damals Gouverneur von Texas und enger Freund von Kenneth Lay, einem seiner wichtigsten Geldgeber. Der Betrug bestand hauptsächlich darin, die Bücher so aussehen zu lassen, als sei es um das Unternehmen und seine Finanzen bestens bestellt, sodass die Aktienkurse ständig stiegen. Die Enron-Geschäftsführer, die sich selbst mit großzügigen Aktienoptionen belohnten, profitierten demzufolge von einem „geplanten Gewinnbetrug“ im großen Stil.

Die Bücher wiesen prognostizierte Gewinne fälschlicherweise als tatsächliche Gewinne aus, und riesige Schulden wurden dubiosen, schwer zu kontrollierenden Partnerfirmen zugeschoben. Hierfür stellten die Führungskräfte dem Unternehmen oft Dollar-Beträge im zweistelligen Millionenbereich in Rechnung. Und als dann im Zuge der Untersuchung die Aktienkurse in den Keller gingen, war es denselben Führungskräften seltsamerweise gelungen, ihre eigenen Aktien früh genug abzustoßen, sodass sie weitere Profite einstreichen konnten.

Seit 2001 wurden mehr als 30 Personen wegen ihrer Enron-Transaktionen angeklagt, darunter neben Enron-Gründer Kenneth Lay auch die ehemaligen Vorstandsvorsitzenden Jeffrey Skilling und Andrew Fastow. Von diesen Angeklagten haben sich im Vorfeld der Prozesse mit Ausnahme von Fastow alle für „nicht schuldig" erklärt. Die US-Behörden beschäftigten sich auch mit einem angeblichen Aktienverkauf, den Lays Frau nur wenige Tage vor dem Bankrott getätigt haben soll. Berichten zufolge verkaufte Linda Lay 500 000 Aktien und erhielt dafür netto 1,2 Millionen US-Dollar. Jeffrey Skilling wurde im Oktober 2006 wegen Betrugs zu 24 Jahren Haft verurteilt. Kenneth Lay verstarb, noch bevor das Strafmaß verkündet werden konnte, an Herzversagen.

Enron war nur eines von mehreren Unternehmen, bei denen Betrugspraktiken dieser Art aufgedeckt wurden. Die meisten hatten hohe Summen an Politiker jeglicher Couleur gezahlt, doch besonders enge Verbindungen bestanden zu George W. Bush und den Republikanern.

## Offizielle Version

Es wurden bei Enron tatsächlich einige krumme Dinger gedreht. Doch Kenneth Lay wusste nichts von diesen dunklen Geschäften. Sobald die Unregelmäßigkeiten entdeckt waren, handelten die Behörden ordnungsgemäß und schnell und übergaben die Verantwortlichen der Justiz. Inzwischen wurden auch einige Gesetze geändert, die verhindern sollen, dass es erneut zu Skandalen dieser Art kommt.

## Wie viel Angst sollten Sie haben? 52 %

Wenn es um Geld und Aktien geht, darf man ruhig ein wenig paranoid sein. Es gab schon immer gierige Betrüger, Hochstapler und Kriminelle, die ihren Anlegern nur das Geld aus der Tasche ziehen wollen, und es wird sie auch weiterhin geben. Der Enron-Skandal und ähnliche Fälle zeigen nur allzu deutlich, wie unverhältnismäßig viel Einfluss das Big Business auf die Politik hat, und zwar vor allem in Amerika, wo die kostspieligen Wahlkämpfe der Politiker fast ausschließlich von Großunternehmen finanziert werden. Diese wiederum profitieren dann von Gesetzen, die ganz auf sie zugeschnitten sind, und brauchen sich auch nicht vor allzu strengen Kontrollen zu fürchten. Grundlegende Reformen des gesamten Systems sind hier vielleicht der einzig mögliche Weg, um zum Kern des Problems vorzustoßen.

# Das Neue Jerusalem

**Mithilfe einer Organisation namens „The Fellowship“ will die religiöse Rechte die Macht in Amerika übernehmen – mit konservativen Präsidenten im Stile der Bushs an der Spitze.**

Die USA sind eines der religiösesten Länder der westlichen Welt. Eine zunehmende Anzahl ihrer Bürger sind konservative Christen mit strengen Ansichten zu Themen wie Abtreibung oder Homosexualität. Und auch die Zahl der fundamentalistischen Christen steigt unaufhörlich. Sie vertreten extreme Thesen, wollen Amerika in einen Gottesstaat verwandeln und im Nahen Osten ein Armageddon auslösen, um die Wiederkehr Christi zu beschleunigen. Doch zum Glück garantiert die Verfassung der Vereinigten Staaten die Trennung von Kirche und Staat. Oder etwa nicht?

## Was die Verschwörungstheoretiker sagen

Durch ihre Macht an den Wahlurnen und durch gezielte Finanzspritzen gewinnt die christliche Rechte in der amerikanischen Politik und Gesellschaft immer mehr an Einfluss. Einige Organisationen gehen dabei ganz offen und ehrlich vor, andere dagegen eher wie Geheimgesellschaften: Sie rekrutieren ihre Mitglieder auf Umwegen und üben ihren Einfluss unter der Hand aus. Eine besonders furchteinflößende Organisation ist „The Fellowship“ („Die Gemeinschaft“), auch bekannt als „The Family“. Hierbei handelt es sich um einen Dachverband für eine Vielzahl von Gruppen, die alle dasselbe Ziel haben, nämlich die reichen Konservativen für ihre Sache zu gewinnen, geheime Netzwerke zu bilden, die Politik zu beeinflussen und ihre „Leute“ in die Regierung einzuschleusen. Die „Gemeinschaft“ finanziert die kostspielige Suche nach geeigneten Senatoren und Abgeordneten in Washington und organisiert Meetings und Thinktanks, um Politiker, Geschäftsleute und Medienvertreter zu beeinflussen. Doug Coe, der ehemalige Anführer der „Familie“ drückte es so aus: „Wir nutzen unsere Macht, wo wir es können, und wo wir es nicht können, verschaffen wir uns Macht.“

Beunruhigend ist, dass die „Gemeinschaft“ ihre Kontakte auch nutzt, um Verbindungen zwischen US-amerikanischen Führungspersönlichkeiten und zwielichtigen Gestalten im Ausland zu knüpfen.

Hierzu gehörten der indonesische Diktator Suharto, der Folterknecht von El Salvador, General Carlos Eugenio Vides Casanova, und Gustavo Alvarez Martinez aus Honduras, General und Anführer einer Todesschwadron. Alle diese Männer waren fanatische Antikommunisten und Befürworter einer aggressiven Terrorabwehr, bei der es im Grunde nur um ein Ziel ging, nämlich um die Beibehaltung des Status quo im Sinne des Großkapitals und des Big Business. Hiervon profitieren dann vor allem die USA und ihre korrupten Verbündeten in der Dritten Welt, die die großzügigen Bestechungsgelder immer gut gebrauchen können. Wie viel Brutalität, Unterdrückung und Ungerechtigkeit dabei eine Rolle spielt, ist unwichtig. In der verzerrten Weltsicht der christlichen Rechten wird auf diese Weise Gottes Werk getan!

Eine weitere Gruppierung der christlichen Rechten ist die der Biblischen Rekonstruktionisten, deren Mitglieder die Bibel wörtlich nehmen und glauben, man müsse die Welt aktiv auf die Wiederkehr Christi vorbereiten – wenn nötig durch Herbeiführen der Apokalypse. Die Bewegung Christian Reconstructionism will die USA in eine religiöse Diktatur verwandeln, in der Abtreibungsbefürworter und Homosexuelle eingesperrt oder ermordet werden.

Dies sind die Gruppen, die Bush als Präsidentschaftskandidaten vorschlugen, die für seine Nominierung kämpften und seine beiden Wahlkämpfe finanzierten. Als Gegenleistung unterstützte er ihre reaktionären Thesen zu Abtreibung, Homosexualität und dem Ende der Trennung von Kirche und Staat. Auch förderte er das Big Business und den engen Kontakt zu Unterdrückerregimen auf der ganzen Welt.

## Offizielle Version

Die christliche Rechte tritt für eine Rückkehr zu traditionellen Moralvorstellungen ein und argumentiert, eine solche glaubensbasierte Politik sei genau das, was die USA bräuchten. Die liberalen Medien und eine ungläubige intellektuelle Elite, die allzu lang die nationale Agenda bestimmt und die Bedürfnisse der Menschen missachtet hätten, versuchten es nun mit Lügen und Unterstellungen, doch die christliche Rechte repräsentiere die Meinung und den Willen der meisten US-Bürger.

## Wie viel Angst sollten Sie haben? 77 %

Der amerikanische Präsident sollte sich davor hüten, die Trennung von Kirche und Staat infrage zu stellen und mit Gruppen wie den Biblischen Rekonstruktionisten in Verbindung gebracht zu werden. Es ist allerdings bekannt, dass zu Zeiten der Bush-Regierung rechtsgerichtete Evangelikale wie Billy Graham und Jerry Falwell das Ohr des Präsidenten hatten und dass er christlich motivierte Initiativen unterstützte, während wichtige Regierungsbeamte wie der Generalbundesanwalt John Ashcroft die Trennung von Kirche und Staat immer wieder angriffen.

Während einer Pressekonferenz im Jahr 2001 bezeichnete Bush den Kampf gegen den Terror als „Kreuzzug“, woraus sich schließen lässt, dass er sich selbst als eine Art heiligen Krieger sah. Es ist nicht sehr wahrscheinlich, dass wir jemals herausfinden werden, in welchem Umfang christliche Fundamentalisten Einfluss auf das Weiße Haus und die US-Regierung ausüben, aber wir sollten besser auf der Hut sein.

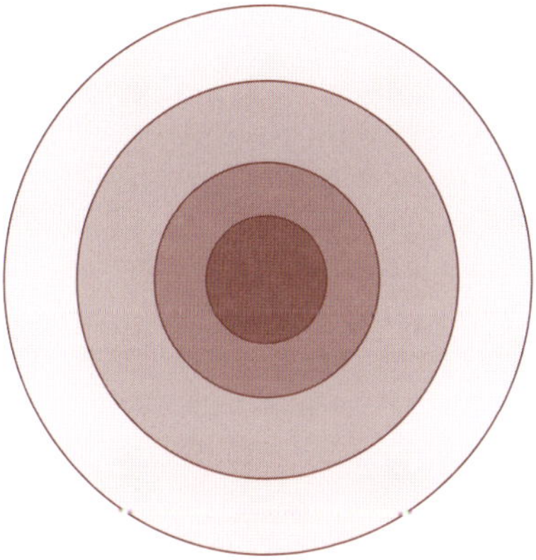

**Die Gemeinschaft**

- wechselnde Anzahl von Vollmitgliedern
- 150 Partner („associates“)
- Mitglieder in Vereinigungen („cells“) überall in den USA
- enge Freunde („close friends“)

**Nachweisliche Einflussnahme der Gemeinschaft**

- Ölindustrie
- Luftfahrtindustrie
- General Suharto, Indonesien
- hohe chinesische Beamte
- General Carlos Eugenio Vides Casanova, El Salvador
- General Gustavo Alvarez Martinez, Honduras
- Waffenstillstand in Ruanda

**Unterschiedliche Namen der Gemeinschaft**

- National Committee for Christian Leadership
- International Christian Leadership
- National Leadership Council
- Fellowship House
- Fellowship Foundation
- National Fellowship Council
- International Foundation

# Die neuen Opiumkriege

**Die USA und ihre Verbündeten nutzten den Kampf gegen den Terror als Vorwand, um durch eine Invasion in Afghanistan den Opiumnachschub aus der Region sicherzustellen.**

Unter den Sowjets war die Opiumproduktion in Afghanistan streng begrenzt. Doch 1989 verjagten die Mudschahedin die Sowjets und verwandelten Afghanistan in eine Opiumfabrik. Die Taliban steigerten die Produktion zunächst, befanden sie dann aber für unmoralisch und versuchten mit aller Kraft, sie zu unterbinden. Nach der US-Invasion nahm der Anbau wieder enorm zu und brach immer neue Rekorde. Über 90 Prozent der weltweiten Opiumernte wird in Afghanistan produziert, und der Verkauf bringt dem Land jährlich rund drei Milliarden US-Dollar ein – das sind etwa 15 Prozent seines Bruttoinlandsprodukts!

## Was die Verschwörungstheoretiker sagen

Wo auch immer die USA und die CIA ihre Finger im Spiel haben, steigen Drogenproduktion und Drogenhandel sprunghaft an. So war es in Indochina in den 1960er- und 1970er-Jahren, in Afghanistan in den 1980er- und 1990er-Jahren und in Lateinamerika seit den 1980er-Jahren. Und heute ist es erneut in Afghanistan so. Außerdem berichteten von den USA und der UN beauftragte Wissenschaftler von einem enormen Anstieg des Handels und Missbrauchs von Drogen nach der US-amerikanischen Invasion im Irak. Ist dies ein Zufall? Absolut nicht. Die CIA ist seit Jahrzehnten Teil einer riesigen staatlichen Verschwörung und häuft ohne Wissen der jeweiligen Regierung illegale Gelder an, um sie dann im Sinne ihrer eigenen Ziele weltweit einzusetzen. Und wie macht man sowas am besten? Indem man die Herstellung und den Vertrieb von Rauschgiften vereinfacht, dem nach Erdöl und Waffen drittwichtigsten Handelsgut der Welt.

Die Summen, um die es allein beim Heroinhandel geht, sind atemberaubend. Während die afghanischen Bauern 2003 rund 1,5–2 Milliarden US-Dollar an ihrer Mohnernte verdienten, lag der Wert des hieraus gewonnenen Heroins vorsichtig geschätzt bei 60 Milliarden US-Dollar, wahrscheinlich jedoch höher. Das wiederum bedeutet, dass über 55 Milliarden US-Dollar bei Zwischenhändlern hängen blieben, die ihr Geld bei Banken und anderen „rechtmäßigen“ Unternehmen waschen lassen.

Die CIA hat sogar ein großes Netzwerk von Strohfirmen und -banken aufgebaut, die dem Geheimdienst dabei behilflich sind, die Gewinne aus dem Drogenschmuggel in legale Kanäle zu leiten (mehr zum Thema Kokainhandel siehe S. 23).

Die USA wollten in Afghanistan einmarschieren, um den Mohnanbau und damit den Opiumhandel wiederzubeleben, den sie seit dem Abzug der Sowjets zusammen mit dem pakistanischen Geheimdienst und einigen afghanischen Warlords kontrolliert hatte. In den 1990er-Jahren hatten die USA den Opiumhandel von Taliban und Al-Qaida bewusst ignoriert. Doch als diese beiden Organisation ihre Feinde wurden, mussten die USA eingreifen und wieder mehr direkte Kontrolle über den Handel und die Profite gewinnen. Offiziell geht es den US-Behörden natürlich nur um den Kampf gegen den Terror, doch insgeheim sind sie froh darüber, dass benachteiligte Gruppen der Gesellschaft sich selbst mit Drogen ruhigstellen, während Einrichtungen wie die CIA die Gewinne aus dem Drogenhandel und die Gelder aller Anti-Drogen-Kampagnen einstreichen.

## Offizielle Version

Der Kampf gegen die Opiumproduktion in Afghanistan ist von höchster Wichtigkeit, und die USA unterstützen vehement die Bemühungen der demokratischen afghanischen Regierung, den Mohnanbau zu beenden. Es ist absurd anzunehmen, dass die CIA oder irgendeine andere US-Behörde den Drogenhandel billigen oder sogar von ihm profitieren.

## Wie viel Angst sollten Sie haben? 13 %

Einige korrupte Mitarbeiter der CIA sind sicherlich in Drogengeschäfte verwickelt, doch es ist unwahrscheinlich dass die CIA als Institution aktiv an ihnen beteiligt ist. Es ist allerdings bekannt, dass es den USA im Kampf gegen den Terror vor allem um Bündnisse geht und dass die Kontrolle des Drogenhandels dabei schnell zum Verhandlungsgegenstand wird. Rensselaer Lee, ein Experte auf dem Gebiet des internationalen Drogenhandels, sagte 2003 vor einem Senatsausschuss: „Um diese Allianzen zu schmieden, mussten wir leider ein paar Zugeständnisse machen, Kompromisse mit Leuten, die … möglicherweise den Drogenhandel schützen." Ob nun mit Absicht oder nicht – die USA haben einen Drogenstaat erschaffen, der auf Jahrzehnte hinaus seinen Beitrag zum weltweiten Elend und Verbrechen leisten wird.

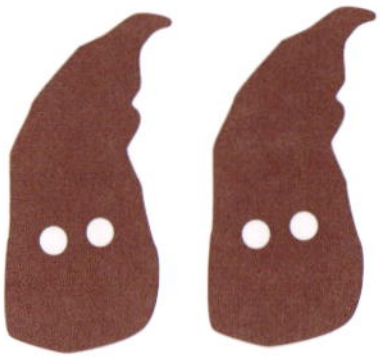

# Nur zwei arme Irre?

**Zwei Männer wurden für den Bombenanschlag von Oklahoma verurteilt, doch es gibt Hinweise auf die Beteiligung einer rechtsextremen Gang und auf eine politische Vertuschung.**

Am 19. April 1995 explodierte eine Lkw-Bombe vor dem Alfred P. Murrah Federal Building in Oklahoma City. Dabei wurden 168 Menschen getötet. Im Jahr 2001 wurde Timothy McVeigh hingerichtet, nachdem er zuvor dafür verurteilt worden war, den Kleintransporter dort geparkt zu haben. Im März 2004 wurde Terry Nichols als sein Komplize verurteilt. Den meisten Berichten zufolge blieb Nichols am Tag des Attentats zu Hause. McVeigh beharrte darauf, den Anschlag allein ausgeführt zu haben, obwohl Dutzende von Augenzeugen andere Personen vor Ort und in McVeighs Begleitung am Tag des Attentats und in den Tagen zuvor erkannt haben wollen. Keine dieser Personen wurde jemals angeklagt. Die Anklage forderte die Todesstrafe für Nichols, doch er erhielt lebenslänglich ohne Bewährung. Der Bombenanschlag war der schlimmste Inlandsterrorakt in der Geschichte der USA.

## Was die Verschwörungstheoretiker sagen

Die offizielle Version weist einige Lücken auf, auf die vor allem seitens der Journalisten hingewiesen wurde. Zunächst einmal gab es mehr als nur eine Explosion. Der Reporter J. D. Cash konnte anhand seismografischer Aufzeichnungen beweisen, dass es zwei gewesen waren. Das FBI musste daraufhin zugeben, dass es eine zwar gesicherte, aber mit Treibstoff versehene Stinger-Luftabwehrrakete im Gebäude gelagert hatte.

Zudem gab es zahlreiche Hinweise darauf, dass McVeigh mit einer Gang rechtsextremer Bankräuber zu tun hatte, die sich Aryan Republican Army (ARA) nannte und deren Fluchtfahrzeuge er wahrscheinlich bei einigen Überfällen fuhr. Trotz fehlender Zeugenaussagen und widersprüchlicher Indizien wurde Nichols dafür verurteilt, einen an der Finanzierung des Anschlags beteiligten Waffenhändler ausgeraubt und die Sprengkapseln für die Bombe gestohlen zu haben. Genau genommen weist alles darauf hin, dass die ARA das Verbrechen ausgeführt hat, denn es wurden identische Sprengkapseln in einem Versteck der ARA gefunden, und die Gang besaß auch einen Führerschein, ausgestellt auf den Tarnnamen des ausgeraubten Waffenhändlers.

Pete Langan und Richard Guthrie, zwei Anführer der ARA, haben beide behauptet, an dem Anschlag in Oklahoma beteiligt gewesen zu sein – Guthrie in einer handschriftlichen Notiz, die erst nach seinem Tod auftauchte. Alle, die McVeigh besser kannten, sind sich einig, dass er nicht in der Lage gewesen wäre, eine solch komplexe Tat allein zu planen, zu finanzieren und auszuführen. Trotzdem wurde er hingerichtet, und auch Nichols sollte hingerichtet werden. Die Hinweise auf eine Beteiligung der ARA wurden jedoch ignoriert.

Langan war wahrscheinlich in den 1990er-Jahren vom FBI angeworben worden, um militante Gruppen auszuspionieren, und bei einer näheren Untersuchung wären

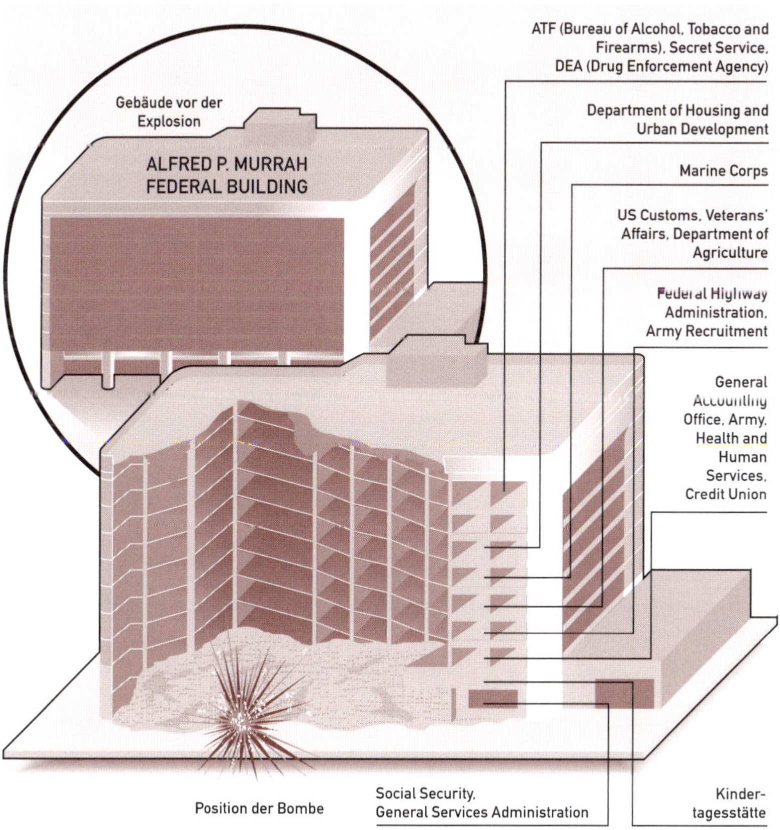

sicher noch mehr unangenehme Wahrheiten über die engen Verbindungen zwischen der religiösen Rechten und ihrem militärischen Arm einerseits und den US-Behörden andererseits ans Tageslicht gekommen.

## Offizielle Version

Zunächst einmal verschwieg hier niemand etwas. Das FBI gab zu, dass einige Spuren nicht angemessen verfolgt worden waren, und im März 2004 folgte die Ankündigung, dass die Untersuchung des Attentats neu aufgerollt würde. Dennoch wirkt die Geschichte von der ARA wenig glaubwürdig. Sie wurde wahrscheinlich von Nichols' Anwälten ausgeheckt, um ihn zu entlasten, doch der Richter glaubte sie nicht – und er sollte es am besten wissen.

Da es bei Nichols und McVeigh um mögliche Todesstrafen ging, wurden die Urteile nicht von Richtern, sondern von Geschworenen gefällt, und die verurteilten Nichols nicht zum Tode. Weder er noch McVeigh haben jemals irgendwelche anderen Beteiligten an dem Anschlag erwähnt. Dagegen hatte Langan bekanntermaßen schwere psychische Probleme. Er war ein Crossdresser, und sein Wunsch, ganz als Frau zu leben, vertrug sich nicht mit seinen fundamentalistischen Ansichten. Dies hatte ernste psychische Störungen zur Folge.

## Wie viel Angst sollten Sie haben? 70 %

Offenbar steckt mehr hinter dem Anschlag von Oklahoma, als auf den ersten Blick erkennbar ist, und es ist sehr wahrscheinlich, dass Nichols und McVeigh einer rechtsradikalen Gang angehörten, die für das Attentat verantwortlich war. Ob hier irgendetwas vertuscht wurde oder die Behörden einfach nicht weiter nachbohrten, bleibt unklar – wie so vieles im Sumpf der rechtsextremen parapolitischen Gruppierungen in den USA.

# Die Waffenlüge

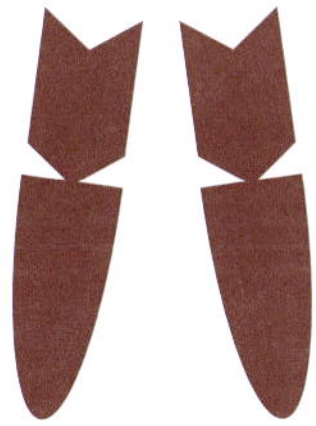

**Der wahre Grund für den Irakkrieg hatte nichts mit Massenvernichtungswaffen zu tun – dafür aber umso mehr mit dem neokonservativen Plan für ein neues Zeitalter unter der Ägide der USA.**

Im Vorfeld der von den USA angeführten Irak-Invasion im Jahr 2003 war viel von den irakischen Massenvernichtungswaffen die Rede. Saddam Hussein verfügte angeblich über atomare, biologische und chemische Waffen, und es bestand die reale Gefahr, dass er sie einsetzen könnte. Seit der Invasion ist klar, dass es im Irak keine solchen Waffen gab.

## Was die Verschwörungstheoretiker sagen

Das Thema Massenvernichtungswaffen war eine einzige große Täuschung mit dem Ziel, die Unterstützung der Öffentlichkeit zu gewinnen und einen Vorwand für den Krieg zu haben. Tatsächlich spielte sich der Betrug auf zwei Ebenen ab.

Zunächst einmal wurden die USA vom iranischen Geheimdienst getäuscht. In dessen Auftrag streute Ahmed Chalabi, der Vorsitzende des Irakischen Nationalkongresses (INC), gezielt falsche Informationen. Chalabi war ein einflussreicher Exil-Iraker, dessen Verbindungen zum US-Geheimdienst bis zum Ersten Golfkrieg zurückreichten. Als George W. Bush im Jahr 2000 Präsident wurde, kamen mit ihm auch die Neokonservativen an die Macht – radikal rechtsgerichtete Ideologen, die den amerikanischen Interventionismus befürworteten und darauf brannten, in den Irak einzumarschieren. Doch die Neokonservativen brauchten einen Kriegsgrund, und Chalabi war genau der richtige Mann, um ihnen einen zu liefern. Er stellte den Kontakt zu zahlreichen anderen Exil-Irakern her, die den Neokonservativen genau das erzählten, was sie hören wollten, nämlich dass Saddam im Irak über Massenvernichtungswaffen verfüge. Im Gegenzug unterstützten die Neokonservativen im Pentagon Chalabi und seinen INC mit Millionenbeträgen. Doch Chalabis Verbindungen zum iranischen Geheimdienst reichten weiter zurück als die zu den USA. Und so ist es denn wahrscheinlich, dass die Iraner ihn benutzten, um die Neokonservativen mit jenen falschen Informationen zu versorgen, die die USA ermutigen sollten, für den Iran die Drecksarbeit zu erledigen – nämlich Saddam zu beseitigen und eine schiitische Regierung einzusetzen, die der Iran dann massiv beeinflussen könnte.

Die CIA und das State Department wussten von Chalabis Verbindungen in den Iran und versuchten, das Pentagon zu warnen. Doch daraufhin gründete der neokonservative Verteidigungsminister Donald Rumsfeld ganz einfach seinen eigenen Geheimdienst, das Office of Special Plans, dessen Aufgabe im Sammeln von Informationen bestand, die der neokonservativen Sache dienlich sein konnten.

Wieso ließen sich die Neokonservativen so leicht täuschen? Wahrscheinlich weil sie sich gern täuschen ließen, wenn es um ihren Traum von einer amerikanischen Weltordnung ging. In diesem Traum ordnen die US-Streitkräfte den Mittleren Osten neu, indem sie in den Irak und wenn nötig auch in den Iran einmarschieren, den USA den Zugang zum Öl sichern und im Rest der Region amerikanische Wertvorstellungen propagieren.

Dementsprechend bestand der zweite Teil des Betrugs in der Täuschung des amerikanischen Volkes – und hierfür war den Neokonservativen jedes Mittel recht. Die Anschläge vom 11. September dienten als Vorwand für den Einmarsch in den Irak. Auch wurden Verbindungen zwischen Saddam und Bin Laden konstruiert. Es wurde hartnäckig behauptet, der Irak unterstütze den Terror. Und natürlich wurde lautstark verbreitet, Saddam sei im Besitz von Massenvernichtungswaffen.

Nach der Invasion kam der Betrug dann ans Licht. Zunächst einmal wurden keine Massenvernichtungswaffen gefunden. Und dann wurden Chalabis Verbindungen in den Iran aufgedeckt, indem die Amerikaner eine Nachricht des iranischen Geheimdienstes abfingen, in der es darum ging, dass Chalabi streng geheime US-Informationen an die Iraner weitergeleitet hatte.

## Offizielle Version

Die Fehleinschätzung hinsichtlich der Massenvernichtungswaffen war ein echter Fehler, den aber nicht nur die Amerikaner gemacht haben, sondern auch die Briten, die Franzosen, die Deutschen, die Australier und alle anderen Beteiligten. Chalabi war das Bauernopfer in einem Revierkampf zwischen dem neokonservativen Pentagon einerseits und der alten Garde in CIA und State Department andererseits. In einem US-Militärbericht heißt es, die vom Irakischen Nationalkongress gelieferten Informationen seien von durchweg guter Qualität gewesen und hätten Leben gerettet. Die US-amerikanischen Motive für den Einmarsch in den Irak waren lauter und bleiben es auch, denn es ging darum, „das Volk des Irak von der Tyrannei zu befreien“. Es ist nichts Schlechtes daran, seine Macht im Sinne der Demokratie zu nutzen und Diktatoren zu Fall zu bringen.

**Karte mit angeblichen Depots und Anlagen für Massenvernichtungswaffen, nach US-Regierungsquellen**

**Wie viel Angst sollten Sie haben?** 99 %

Colin Powell, der Mann, der mit den falschen Informationen über die irakischen Massenvernichtungswaffen zur UN ging, um eine Resolution beschließen zu lassen, hat später zugegeben, dass es sie gar nicht gab. Angesichts dessen sollten wir vor weiteren Täuschungsmanövern auf der Hut sein.

# 11. September 2001

**Entweder haben Bush und seine Berater die Anschläge selbst geplant, oder sie haben sie geschehen lassen, um ihre Macht zu erhalten und die Verteidigungsausgaben erhöhen zu können.**

Am 11. September 2001 krachten zwei Flugzeuge in die Twin Towers des World Trade Center in New York. Über 3000 Menschen wurden getötet. Kurz darauf schlug ein drittes Flugzeug im Pentagon ein. Eine vierte Maschine verfehlte ihr Ziel, da sie durch das Eingreifen von Passagieren zum Absturz gebracht wurde. Als Reaktion auf die terroristischen Anschläge beschlossen die USA eine massive Beschränkung von Bürgerrechten und eine immense Erhöhung der Mittel für Geheimdienste und Militär. Amerika zog in den Krieg gegen Afghanistan und den Irak, und Bush wurde für eine zweite Amtszeit als US-Präsident bestätigt.

## Was die Verschwörungstheoretiker sagen

Die meisten Verschwörungstheorien zu 9/11 gehen davon aus, dass Bush und sein Kabinett die Anschläge entweder selbst geplant hatten oder dass sie teilweise von ihnen wussten und sie geschehen ließen. Hier folgt eine kurze Übersicht zu den wichtigsten Behauptungen und Indizien.

Es gibt Belege dafür, dass FBI-Ermittlungen zu einigen der Flugzeugentführer in den Wochen vor dem 11. September von oberster Stelle zunichte gemacht wurden. Außerdem weiß man, dass die Regierung nach dem 11. September die Untersuchungen erschwerte – zum Beispiel, indem man hochrangige Saudis, einschließlich Mitgliedern der Familie Bin Laden, in aller Eile außer Landes brachte (siehe S. 39).

Etliche hochrangige Beamte scheinen auf seltsame Weise gewarnt worden zu sein. Der damalige Generalstaatsanwalt John Ashcroft wurde angehalten, ab dem Juli 2001 nicht mehr mit kommerziellen Fluggesellschaften zu fliegen. Der Bürgermeister von San Francisco, Willie Brown, erhielt den Rat, am Morgen der Anschläge kein kommerzielles Flugzeug zu besteigen. Eine Gruppe von Topleuten im Pentagon stornierte schon gebuchte Flüge, ganz offensichtlich nach einer Warnung, die sie in der Nacht des 10. September erhalten hatten.

Nach den Anschlägen verging eine lange Zeit, bis die US Air Force Kampfflugzeuge losschickte; diese Verspätung ist nie befriedigend erklärt worden. Viele

Kommentatoren glauben nicht, dass der Schaden am Pentagon nur von einer Passagiermaschine herrühren kann und vermuten, es habe einen Raketenangriff gegeben.

Was die Beweise zu den vermutlichen Entführern angeht, so gibt es riesige Ungereimtheiten. Zahlreiche belastende Gegenstände, beispielsweise „Gepäck, Briefe und ein Kit für Selbstmordanschläge", die in den Autos der Entführer gefunden wurden, sehen verdächtig nach einer Inszenierung aus. Hinzu kommt, dass andere Details ignoriert wurden, wie etwa die Aussage von Zeugen, dass die Entführer gern und regelmäßig Stripclubs besuchten und Kokain konsumierten (was nicht zum Image passt, das die Regierung verbreiten wollte), oder auch die vermutlichen Verbindungen zwischen einigen der Entführer und dem US-Geheimdienst und dessen Verbündeten.

Warum aber sollte die Bush-Administration solch einen furchtbaren Anschlag ausführen wollen? Der Präsident und sein Kabinett haben definitiv von dem grausamen Ereignis profitiert. Vor 9/11 wurde Präsident Bush als Schwächling betrachtet, der vor allem damit beschäftigt war, peinlichen Fragen zu seinem betrügerischen Wahlsieg aus dem Weg zu gehen; seine Regierung wurde von Skandalen wie dem Enron-Debakel (siehe S. 43) heimgesucht.

Auch der riesige militärisch-geheimdienstliche Komplex war zu dieser Zeit unter Druck. Nachdem man 50 Jahre lang die sowjetische Bedrohung übertrieben hatte, um zu rechtfertigen, dass die USA jährlich mehrere Hundert Milliarden US-Dollar ihrer Steuereinnahmen für Verteidigung ausgeben müsse, sah sich die Rüstungslobby nun einer Welt gegenüber, in der es keine einfachen *„bad guys"* und keine klare und direkte Gefahr mehr gab.

Nach 9/11 wurde Bush zu einem Präsidenten in Kriegszeiten mit Heldenstatus, und es galt als unpatriotisch, seine Motive in Frage zu stellen. Es gelang ihm, Unterstützung für zwei umstrittene Kriege zu erhalten, die für das neokonservative Programm entscheidend waren (siehe S. 53) und die Firmen wie Halliburton reich machten. Die Skandale, die sein Ende hätten bedeuten können, wurden in den Hintergrund gedrängt, die Medien wurden handzahm und stellten keine kritischen Fragen mehr – und als Ergebnis dieser ganzen Entwicklungen wurde er auch noch für eine zweite Amtszeit bestätigt. Der militärisch-geheimdienstliche Komplex hatte sich auf einen neuen Kreuzzug eingeschworen, der den Kalten Krieg ersetzen konnte: den „War on Terror".

Viele Menschen können sich nicht vorstellen, dass eine Regierung solch einen ungeheuerlichen Plan ausführen könnte. Doch seit dem 11. September hat die Regierung Bush ihr wahres Gesicht gezeigt, mit massiver Täuschung der Öffentlichkeit und einem Freibrief für Folter und Terror. Es gibt überdies reichlich Beweise für das Undenkbare aus der Zeit vor 9/11. So wird es zum Beispiel immer plausibler, dass

## Karte der Ereignisse vom 11. September

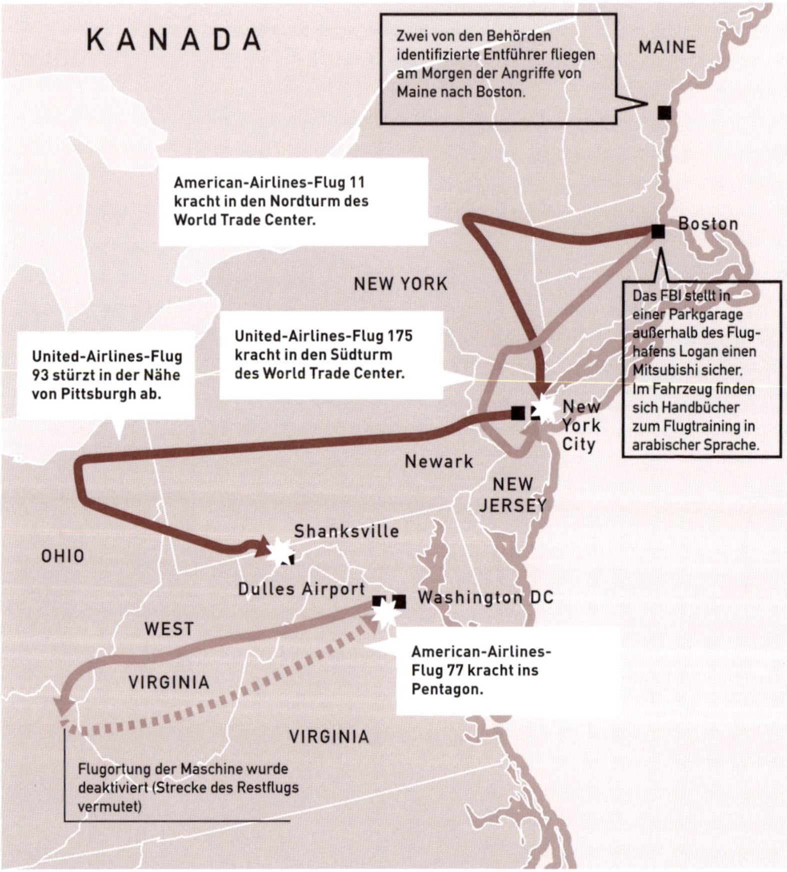


Roosevelt von dem unmittelbar bevorstehenden Angriff auf Pearl Harbor wusste, aber nicht eingriff, da er so die öffentliche Meinung für einen Kriegseintritt mobilisieren konnte, genau wie Bush es in Vorbereitung auf 9/11 tat. Das US-Militär inszenierte einen Angriff auf ein amerikanisches Schiff beim Zwischenfall im Golf von Tonkin, um so den massiven Ausbau der Kriegsanstrengungen in Vietnam vorzubereiten.

Wir wissen außerdem von der sogenannten „Operation Northwoods“, einem ausgeklügelten Plan, mit dem 1962 eine Invasion auf Kuba legitimiert werden sollte. Der Plan sah Attentate und Terroranschläge gegen kubanische Emigranten und amerikanische Städte vor. Die Kennedy-Regierung hat den Plan anscheinend unterbunden. Mit anderen Worten, es gibt gute Gründe, auch das Schlimmste für möglich zu halten, und die Bush-Junta hatte Motive, Mittel und Gelegenheit.

## Offizielle Version

Behauptungen, nach denen die Regierung von den Terroristen wusste oder irgendwie mit ihnen zusammengearbeitet habe, sind lächerlich und in höchstem Maße beleidigend. Der Kongress hat die Ereignisse vom 11. September in allen Details untersucht und schreibt in einem ausführlichen und öffentlich zugänglichen Bericht, dass niemanden persönliche Schuld treffe, auch wenn schwere Einschätzungsfehler eingeräumt werden. Ein einschneidendes Ereignis wie dieses lädt unweigerlich zu Verschwörungstheorien ein, aber die US-Regierung war zu dem Zeitpunkt genauso überrascht und schockiert von der Gewalt und der Unmenschlichkeit der Angriffe wie die Einwohner von New York und die ganze Nation.

## Wie viel Angst sollten Sie haben? 23 %

Niemand kann bestreiten, dass Bush und seine Anhanger das Beste aus den Moglichkeiten gemacht haben, die 9/11 ihnen bot. Aber hätte eine Verschwörung von solchem Ausmaß wirklich vertuscht werden können, und wenn ja, wie lange? Was bei der ganzen Geschichte vielleicht am meisten irritiert, ist das auffällige Schweigen der Massenmedien und ihre Zurückhaltung bei der Infragestellung der offiziellen Version, die alles andere als überzeugend war.

# Die vertauschte Titanic

**Nicht die *Titanic* ist im Nordatlantik gesunken, sondern ihr Schwesterschiff, die *Olympic*, und zwar als Teil eines ausgeklügelten Versicherungsbetrugs.**

1907 gab die Reederei White Star Line zwei der größten Linienschiffe in Auftrag, die je gebaut worden waren: die *Olympic* und ihr sogar noch eindrucksvolleres Schwesterschiff, die *Titanic*.

In der Nacht vom 14. auf den 15. April 1912, während ihrer Jungfernfahrt über den Atlantik, rammte die *Titanic* einen Eisberg. Mehrere der wasserdichten Sektionen, die das Schiff unsinkbar machen sollten, wurden beschädigt. Mit viel zu wenig Rettungsbooten ausgestattet, sank das mächtige Schiff mit 1523 Menschen an Bord. Die *Olympic* dagegen transportierte 30 Jahre lang erfolgreich Passagiere über den Atlantik und leistete während des Zweiten Weltkriegs ausgezeichnete Dienste als Truppentransporter.

## Was die Verschwörungstheoretiker sagen

Der Mythos von der *Titanic* wurde ausgeheckt, um die Tatsache zu verschleiern, dass die White Star Line es fertiggebracht hatte, mehr als 1500 Passagiere in einem stümperhaften Versicherungsbetrug ertrinken zu lassen.

Die wahre Geschichte begann 1911, als die *Olympic* vor der Küste von Southampton mit einem britischen Kriegsschiff kollidierte, wobei sie erheblichen Schaden erlitt und die Reederei vor ein großes finanzielles und logistisches Problem stellte. Die Marine bestand darauf, dass sie nicht Schuld an der Kollision war, und deshalb würde die Versicherung kein Geld locker machen. Die *Olympic* wurde notdürftig instand gesetzt, um sie in die Werften von Belfast zu bringen (dem einzigen Ort mit ausreichend großen Docks), wo die *Titanic* gerade für ihren Stapellauf im April vorbereitet wurde. Die *Olympic* war fast irreparabel beschädigt. Sie zu reparieren, würde die Jungfernfahrt der *Titanic* verzögern, was wiederum einen massiven Gesichtsverlust und erhebliche Kosten für Rückzahlungen nach sich ziehen würde. Inzwischen bedeutete jeder Tag, den die *Olympic* nicht im Einsatz war, große Finanzeinbußen.

Die Eigentümer entschieden sich für einen Austausch der sehr ähnlichen Schiffe, die sich nur in einigen Details unterschieden. Und so machten sich die Schiffsbauer ans Werk und passten das Deck und die Bullaugen der *Titanic* dem Aussehen der *Olympic* an – und umgekehrt. Zwei Monate später lief die neue „*Olympic*“ von Belfast aus und begann ihre lange und erfolgreiche Karriere.

Das stark beschädigte Schiff, jetzt auf „*Titanic*“ umgetauft, wurde notdürftig zusammengeflickt, um es rechtzeitig auf seine „Jungfernfahrt“ zu schicken. Der Plan war, in den Zentralatlantik auszulaufen, dort mit ein paar Rettungsschiffen zusammenzutreffen, einen Schaden oder Unfall vorzutäuschen und die Passagiere sicher auf die Rettungsschiffe zu bringen, bevor man das Schiff versenken und die Versicherungssumme kassieren konnte. Doch das Schiff rammte einen Eisberg oder vielleicht auch eines der Rettungsschiffe, und riss viele Menschen mit sich in die Tiefe. Im verzweifelten Versuch, ihr Verbrechen zu vertuschen, erfand die White Star Line den Mythos, der sich bis heute erhalten hat.

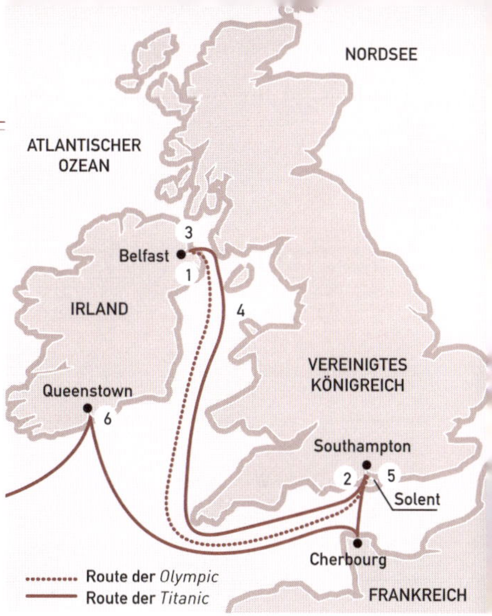


***Olympic***

1. 20. Oktober 1910: Stapellauf
14. Juni 1911: Jungfernfahrt

2. 20. September 1911: rammt HMS *Hawke* in Solent; fährt für Reparaturen nach Belfast
30. November 1911: nimmt den normalen Betrieb wieder auf
Februar 1912: Überholung in Belfast und neue Schiffsschrauben
1912–1913: Rückkehr nach Belfast für sechsmonatige Sicherheitsumbauten
2. April 1913: nimmt den Betrieb wieder auf

***Titanic***

3. 31. Mai 1911: Stapellauf

4. 2. April 1912: Testfahrten auf See – fährt Richtung Southampton

5. 10. April 1912: verlässt Southampton in Richtung Cherbourg und dann weiter nach Queenstown, Irland

6. 11. April 1912: verlässt Irland in Richtung New York

## Offizielle Version

Praktisch jeder in der Werft in Belfast hätte gewusst, was vor sich geht, doch aus mysteriösen Gründen ließ niemand jemals etwas dazu verlauten, was das Verbrechen des Jahrhunderts gewesen wäre. Die beiden Schiffe waren zu unterschiedlich, um als das jeweils andere durchzugehen, und die Erkundung des Wracks der *Titanic* hat bewiesen, dass es sich um das echte Schiff handelte.

## Wie viel Angst sollten Sie haben? 0 %

Diese Geschichte hat das Zeug für sehr gutes Seemannsgarn, doch die Theorie ist alles andere als wasserdicht.

# Königliche Vertuschung?

**Jack the Ripper war ein Chirurg des königlichen Hauses. Seine Morde geschahen auf Betreiben von Königin Victoria, um ein schändliches Geheimnis der Royals zu verbergen.**

Im Jahr 1888 wurde Großbritannien und die ganze zivilisierte Welt von einer brutalen Mordserie im Londoner Bezirk Whitechapel geschockt. Fünf Prostituierte wurden von einer Person getötet, die von der Boulevardpresse „Jack the Ripper" genannt wurde. Der Mörder wurde niemals gefasst und der Fall ist bis heute ungelöst.

## Was die Verschwörungstheoretiker sagen

Zahllose Autoren haben ganz unterschiedliche Hypothesen vorgelegt. Die ungeheuerlichste Theorie stammt von Stephen Knight, der in seinem Buch *Jack the Ripper: The Final Solution* behauptete, alle Opfer seien Prostituierte, die Prinz Albert Victor (an zweiter Stelle in der Thronfolge) wegen seiner heimlichen Heirat mit einer katholischen Prostituierten namens Annie Crook erpressten. Der Prinz habe Crook geschwängert und sich bei ihr mit Syphilis angesteckt. Um die Sache zu vertuschen, bat Königin Victoria den königlichen Chirurgen Sir William Gull, bei Crook eine Lobotomie (heute nicht mehr üblicher operativer

**Links:** Die Darstellung aus dem Jahr 1888 zeigt, wie Polizisten die Leiche von Catherine Eddowes finden, einem der Opfer von Jack the Ripper.

Eingriff am Gehirn bei bestimmten psychiatrischen Erkrankungen) durchzuführen und die Erpresserinnen zu töten. Die Brutalität der Morde war beabsichtigt, und zwar als eine Art freimaurerische Warnung an eine okkulte Gruppe. Der städtische Polizeipräsident Sir Charles Warren, selbst Freimaurer, half bei der Beseitigung von Gulls Spuren und ordnete an einem der Tatorte die Entfernung einer an die Wand geschriebenen freimaurerischen Nachricht über die Juden an.

Dreh- und Angelpunkt von Knights Theorie sind einige wichtige Fakten. Die Geschwindigkeit und Professionalität, mit der die Morde durchgeführt wurden, zeigen, dass der Ripper über Anatomiekenntnisse und Erfahrung im Gebrauch eines Chirurgenmessers verfügen musste. Die meisten Opfer waren Prostituierte, die im selben Stadtviertel lebten. Dass die polizeilichen Ermittlungen so inkompetent durchgeführt wurden und der Mörder niemals gefasst wurde, deutet auf eine Vertuschung hin. Der rätselhafte Spruch an der Wand wurde tatsächlich auf Warrens Anordnung hin entfernt. Die abscheuliche Art der Morde verwies auf brutale Rituale der Freimaurer. Der Wahrsager Robert James Lees identifizierte Gull als den Mörder und befragte später dessen Frau. Sie bestätigte, dass ihr Mann eines Nachts mit blutgetränkter Kleidung nach Hause zurückgekehrt war.

## Offizielle Version

Große Teile von Knights Geschichte sind frei erfunden. Heute glaubt man, dass Prinz Albert Victor homosexuell war und an Influenza starb. Annie Crook gab es tatsächlich, doch es gibt keinen Hinweis auf eine Lobotomie. Die Opfer lebten zwar in direkter Nachbarschaft, doch das trifft auf einen Großteil der Menschen in den überbevölkerten Londoner Slums zu. Die Polizeiermittlungen blieben erfolglos, weil die Möglichkeiten forensischer Wissenschaft damals sehr begrenzt waren. Warren ordnete die Entfernung des Graffito an, um antisemitische Unruhen zu vermeiden, doch war der Spruch überhaupt vom Mörder geschrieben worden? Es gibt keine freimaurerischen Rituale, die den Morden ähneln. Lees gab es wirklich, doch er hat Gulls Frau niemals befragt.

## Wie viel Angst sollten Sie haben? 1 %

Die britische königliche Familie war in ihrer langen Geschichte zwar immer wieder in Verschwörungen verwickelt, doch Knights Geschichte ist eine Erfindung. Die Morde waren die Tat eines Gestörten, nicht das Ergebnis einer geplanten Verschwörung. Selbst heute noch sind Serienmörder schwer zu fassen; ohne die Mittel moderner Forensik dürfte es völlig unmöglich gewesen sein, eine solche Person in den anonymen Slums des viktorianischen London aufzuspüren.

# Die Tempelritter und die Blutlinie von Jesus

**Was entdeckten die geheimnisvollen Kriegermönche des Mittelalters im Innern des Tempels von Salomo und wer schützt noch heute ihr Geheimnis?**

Im 12. Jahrhundert zum Schutz von Pilgern ins Heilige Land gegründet, übernahm der Templerorden (eigentlich „Arme Ritterschaft Christi und des salomonischen Tempels zu Jerusalem") seinen Namen vom Ort des Hauptsitzes in der Nähe der Ruinen des salomonischen Tempels in Jerusalem. Zuwendungen in Form von Land und Geld, aber auch finanzielles Geschick machten den Orden reich und mächtig, bis er durch eine Allianz aus Papst und französischem Königshaus 1312 zerschlagen wurde.

## Was die Verschwörungstheoretiker sagen

Als sie die Ruinen des Tempels ausgruben, entdeckten die Tempelritter den Heiligen Gral, nur dass es sich dabei nicht um ein materielles Objekt handelte, sondern um eine schockierende Enthüllung, die das gesamte Fundament der etablierten Kirche untergrub. Jesus habe die Kreuzigung überlebt und später mit Maria Magdalena Kinder gehabt. Diese göttliche Stammeslinie hätten die Herrscher der Merowinger im Großteil Europas bewahrt, doch dann benötigte sie den Schutz der Templer, um

**Links:** Darstellung eines Mitglieds des Templerordens aus dem Jahr 1250 mit gebundenen Händen.

zu überleben und ihre rechtmäßige Rolle im Kampf gegen die Mächte der Finsternis einzunehmen. Dies und weitere Entdeckungen – zum Beispiel das sprechende Haupt von Johannes dem Täufer und die Geheimnisse zur Errichtung monumentaler Bauwerke – formten die wirkliche Basis für den Reichtum, die Macht und den Einfluss der Templer, und führten sie zu einer neuen Form des Christentums – mit merkwürdigen Ritualen wie dem Bespucken des Kreuzes und der Verehrung von Köpfen.

Die Kirche fühlte sich durch das Geheimnis der Templer bedroht und bildete eine Allianz mit dem neidvollen französischen Königshaus, um den Orden zu zerstören und seinen Besitz zu stehlen. Dabei warf man ihnen Teufelsverehrung und Homosexualität vor und ging mit grausamer Härte gegen sie vor. Doch die Templer waren gewarnt, und so machte sich eine mächtige Flotte des Ordens mitsamt den wertvollsten Schätzen nach Schottland auf, wo man ein neues Hauptquartier um die von der Sinclair-Familie gebaute Rosslyn-Kapelle errichtete. Hier konnten die Templer ungestört weiterleben. Später gründeten sie die Freimaurer und andere Geheimgesellschaften, und sie waren federführend bei der Entdeckung Amerikas und später bei den Revolutionen in Amerika und Frankreich. Zu all dieser Zeit wurde die Blutlinie Jesu unter dem Schutz dieses neuen Ordens weitergeführt, speziell unter der französischen Ausprägung des Ordens namens Prieuré de Sion (Bruderschaft vom Berg Zion), der berühmte Künstler, Intellektuelle und Führungspersönlichkeiten angehörten, von Leonardo da Vinci bis Victor Hugo. Dieses weltweite Netzwerk von Geheimgesellschaften, die sich von den Templern herleiten, lenkt aus dem Hintergrund heraus einen Großteil der Weltgeschichte.

## Offizielle Version

„Echte" Historiker haben vor allem Spott für diese Geschichte übrig. Es stimmt zwar, dass die Templer 1312 aufgelöst wurden und dass man ihnen die abscheulichsten Dinge vorwarf, doch das war nichts Ungewöhnliches für Häresieprozesse der damaligen Zeit. Es gibt keinerlei Belege dafür, dass die Templer irgendetwas in den Ruinen des Tempels oder anderswo entdeckt hätten. Sie hatten auch keine Flotte und es gibt keine Indizien dafür, dass Schätze herausgeschmuggelt wurden. Allerdings wurde der Orden in kleinerer Form in Schottland und Portugal weitergeführt. Während es durchaus sein kann, dass die Templer eine Rolle bei den portugiesischen Entdeckungsfahrten spielten, gibt es keinen Hinweis auf entscheidenden Einfluss auf die Geschichte Schottlands. Seit dem 18. Jahrhundert haben Teile der Freimaurerei und anderer Geheimgesellschaften immer wieder ihre Abstammung von den Tempelrittern behauptet. Dies sind romantische Fantasien, die mit der Wirklichkeit nichts zu tun haben. Die Prieuré de Sion ist im Grunde die Erfindung eines französischen

Hochstaplers und wird heutzutage von Archäologen ohne Reputation dazu benutzt, den Verkauf von Büchern zu fördern (man denke an den Erfolg von Dan Browns *Sakrileg*), was auch für die Geschichte um die Blutlinie von Jesus Christus gilt.

## Wie viel Angst sollten Sie haben? 3 %

Eine ganze Industrie von Büchern, Dokumentationen und sogar Tourismus hat sich um das Geheimnis der Tempelritter entwickelt, doch all das steht auf tönernen Füßen. Die „Beweise" für einen Großteil dieser Verschwörungstheorie sind einfach nur eine Aneinanderreihung von Vermutungen. Es gibt allerdings einen faszinierenden Kern für die mysteriöse Geschichte. Die Templer hatten tatsächlich äußerst merkwürdige Praktiken und Überzeugungen, die ganz sicher auf ihre Erfahrungen während der Kreuzzüge im Nahen Osten zurückzuführen sind. Sie könnten ein frühes Beispiel für die mystische Tradition des gnostischen Christentums sein, das als geistige Bewegung später die Epoche der Aufklärung und die Revolutionen in Frankreich und Amerika inspirierte.

**Oben:** Ein Treffen einer Gruppe von Tempelrittern um 1128. Die sitzende Figur in der Mitte ist der Großmeister.

# Das Jubilee-Komplott

**Die britischen Geheimdienste jagten beinahe Königin Victoria in die Luft, als sie einen terroristischen Plan inszenierten, um die irische Home-Rule-Bewegung zu diskreditieren.**

In den 1880er-Jahren bekam der charismatische Politiker Charles Parnell immer mehr öffentliche Unterstützung für seine Bewegung „Home Rule for Ireland“, die für die irische Selbstverwaltung kämpfte. Am Abend von Königin Victorias Goldenem Thronjubiläum (Golden Jubilee) entdeckte die Polizei einen heimtückischen Plan der irisch-amerikanischen Geheimgesellschaft Clan na Gael (Fenian Brotherhood), Westminster Abbey mitsamt der Königin und ihrem Kabinett in die Luft zu sprengen. Der Plan wurde mit Briefen an Parnell in Verbindung gebracht. Es gab einen öffentlichen Aufschrei, was der Sache von Parnell großen Schaden zufügte. Kurze Zeit später jedoch stellte sich heraus, dass die Briefe von dem Dubliner Journalisten Richard Pigott gefälscht und an die *Times* verkauft worden waren. Das Misstrauen gegenüber der Sache wuchs immer mehr.

„General“ Francis Millen, der mutmaßliche Anführer des Komplotts, hatte sich seiner Festnahme auf geheimnisvolle Weise entzogen und war nach New York geflohen. Er wurde ermordet, nachdem ihm eine stattliche Summe angeboten worden war für den Fall, dass er nach Großbritannien zurückkehren und eine Aussage machen würde.

### Was die Verschwörungstheoretiker sagen

Die britischen Geheimdienste arrangierten den Jubilee-Komplott als eine Provokation, um das Ansehen von Parnell und der Home Rule zu diskreditieren. Sie rekrutierten Millen in Mexiko, zahlten ihm Gelder und forderten ihn auf, einen Plan zu entwerfen und einen Journalisten gefälschte Briefe schreiben zu lassen, die gegen Parnell verwendet werden konnten. Es kam ihnen anscheinend nicht in den Sinn, dass die wütenden Fenians, die Teil des Planes waren, die Idee tatsächlich umsetzen wollten. Zwei Terroristen, mit Sprengsätzen bewaffnet, konnten ihren Anschlag auf Westminster Abbey und Königin Victoria nur deshalb nicht ausführen, weil das Passagierschiff, mit dem sie den Atlantik überqueren wollten, schon vollständig ausgebucht war.

Unverdrossen enthüllten die Geheimdienste das Komplott und die willfährige Presse wiegelte die öffentliche Meinung auf, während die Behörden den „gesuchten“ Millen in Sicherheit brachten. Als er auszupacken drohte, ließen sie ihn ermorden.

## Offizielle Version

Zu jener Zeit wurde die ganze Geschichte nicht wirklich bekannt, weil eine Art viktorianische Version der Warren-Kommission (siehe S. 94) eingerichtet wurde, um die Geschichte geheim zu halten. Einige Zeit später jedoch enthüllten erstmals publizierte Regierungsdokumente die ganze lumpige Geschichte, wie man sie in Christy Campbells Buch *Fenian Fire* nachlesen kann. Von oberster Stelle möchte man die Affäre als längst vergangene Geschichte abtun. Heute seien solche Dinge nicht mehr möglich.

## Wie viel Angst sollten Sie haben? 79 %

Vermutlich hat sich die Kontrolle der Geheimdienste durch das britische Parlament verbessert, doch die offiziellen Beschwichtigungen klingen schon ziemlich hohl, wenn man sich die Liste der (bekannten) verdeckten Operationen ansieht, die von den Geheimdiensten seitdem durchgeführt worden sind. 1924 stellte zum Beispiel eine gefälschte Notiz, die als der Sinowjew-Brief bekannt geworden ist, auf irreführende Weise eine Verbindung zwischen der Kommunistischen Internationalen, die für die Weltrevolution kämpfte, und der noch ganz jungen Labour Party her, und 50 Jahre später wandte der MI5 ähnliche Taktiken an, um Gerüchte einer Verbindung zwischen Labour und der IRA in die Welt zu setzen. Auf internationaler Ebene drängen sich Vergleiche mit Täuschungsoperationen auf wie dem Zwischenfall im Golf von Tonkin und der Operation Northwoods (siehe S. 59).

**Links:** Die Parade auf ihrem Weg zur Westminster Abbey aus Anlass des Goldenen Thronjubiläums von Königin Victoria am 22. Juni 1887.

# Bohemian Grove

**Die Weltelite hält regelmäßig getarnte Treffen an hochgeheimen Orten ab, bei denen sie heidnische Rituale durchführt und den Gang der Weltpolitik bestimmt.**

Der Bohemian Club wurde 1872 oder 1873 (die Quellen widersprechen sich) mehr oder weniger aus Langeweile von einem Journalisten in San Francisco gegründet, doch als man ein Waldgebiet im nordkalifornischen Redwood Forest mit dem Namen Bohemian Grove erwarb, wurde der Klub unter Mitgliedern der reichen Elite sehr beliebt. Er war nun Schauplatz einer jährlichen Zusammenkunft, bei der 2000 ausschließlich männliche Führungspersönlichkeiten aus Wirtschaft, Politik und Medien zusammenkamen, um sich zu entspannen und ihre Sorgen zu vergessen. Ausgestattet mit Bars, warmen Bädern und Ähnlichem brauchten die „Grovers" keineswegs der Wildnis zu trotzen. Das Motto des Klubs war „weaving spiders come not here" – das Anbahnen von Geschäften war also verboten.

## Was die Verschwörungstheoretiker sagen

Alle wichtigen republikanischen Politiker der letzten 100 Jahre (einschließlich aller US-Präsidenten seit 1923) haben an den Aktivitäten des Bohemian Grove teilgenommen, zusammen mit den im Magazin *Fortune* genannten Top-500 Geschäftsleuten, Bossen des weltweiten Finanzwesens wie der Weltbank, ausgewählten internationalen Führungspersönlichkeiten und klassischen Verschwörungsfiguren wie Henry Kissinger.

Sie pinkeln an die Bäume, tragen Frauenkleider, haben Spaß mit Prostituierten und halten ein heidnisches Ritual ab, bei dem sie einer riesigen Eulenstatue aus Stein (dem Moloch) ein Bildnis als Opfer darbringen; extremere Verschwörungstheoretiker behaupten, dass das Bildnis manchmal durch eine echte Person ersetzt wird. Ein Artikel in der Lokalzeitung *Santa Rosa Sun* berichtet von Menschenopfern, die der Moloch-Kult dort durchgeführt habe, und Mitte der 1980er-Jahre gab es Gerüchte über Morde in abgelegenen Teilen des Geländes. Nach Aussagen eines Zeugen, der behauptet, als Beobachter dort gewesen zu sein und der beinahe selbst zum Opfer wurde, gibt es im heiligen Bezirk des Geländes eine Underground Lounge sowie einen Leather Room, Dark Room und Necrophilia Room.

Was noch wichtiger ist: Teilnehmer betreiben massiv Lobbyarbeit, feilschen um Einfluss, wählen Präsidenten und Richter des Obersten Gerichtshofs aus, entscheiden über neue Kriege und bestimmen überhaupt das ganze Weltgeschehen. Hier war es auch, wo das Manhattan Project, das zur Entwicklung der Atombombe führte, ausgeheckt wurde, und hier ist der Ort, an dem das Big Business mit der Politik anbändelt, um lukrative Verträge mit Regierungen anzubahnen und Investitionsentscheidungen zu beeinflussen – zum Beispiel das Anzetteln von Kriegen, von denen der militärisch-industrielle Komplex profitieren kann.

## Offizielle Version

Bei den Ritualen handelt es sich schlicht um ein von den Freimaurern abgeleitetes Schauspiel. Das dargebrachte Bildnis stellt „Dull Care“ dar, und wird als Sinnbild für alle Sorgen verbrannt, sodass all die gestressten Männer zwei Wochen Auszeit mit ein bisschen Abenteuerromantik genießen können. Es gibt Vorträge zu aktuellen Themen und vermutlich werden auch Kontakte geknüpft, doch das Ganze ist ein völlig harmloser Spaß.

## Wie viel Angst sollten Sie haben? 24 %

Der seltsame Quatsch im Bohemian Grove stellt wahrscheinlich nicht mehr dar als eine Möglichkeit für die amerikanische Elite, noch einmal die Ausgelassenheit der Sommercamps ihrer Jugendzeit zu erleben. Aber es ist schon äußerst undemokratisch, wenn die (ausschließlich männliche) Oberschicht Amerikas und der Welt sich heimlich mit sich selbst vergnügt. Zum Beispiel entspannte sich George W. Bush dort regelmäßig mit John J. O’Connor, dem Ehemann der Richterin am Obersten Gerichtshof Sandra Day O’Connor, der als Frau der Zutritt zum Grove untersagt war, deren Stimme aber entscheidend zu seinem Wahlsieg im Jahr 2000 beigetragen hat. Auch Mitglieder von George W. Bushs Stab im Weißen Haus gehörten zu den Teilnehmern, einschließlich Dick Cheney, Donald Rumsfeld und Colin Powell. Ebenso stutzig macht die erstaunliche Zurückhaltung der Massenmedien, wenn es um die Berichterstattung zu dieser bizarren Zusammenkunft geht.

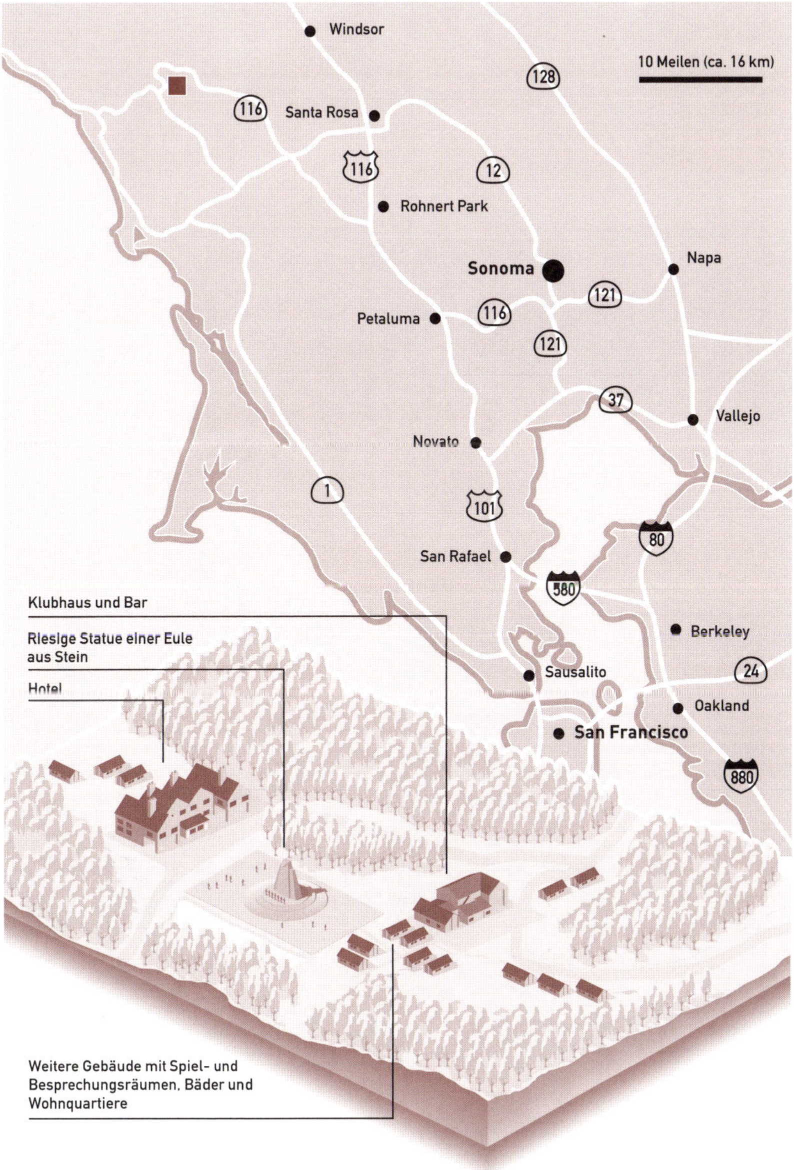

Windsor
10 Meilen (ca. 16 km)
128
116
Santa Rosa
116
12
Rohnert Park
Sonoma
Napa
121
116
Petaluma
121
37
Vallejo
Novato
1
101
80
San Rafael
580
Berkeley
Sausalito
24
Oakland
San Francisco
880
Klubhaus und Bar
Riesige Statue einer Eule
aus Stein
Hotel
Weitere Gebäude mit Spiel- und
Besprechungsräumen, Bäder und
Wohnquartiere

# Skull & Bones

**Diese geheime Studentenverbindung kontrolliert Amerika durch ihre Verbindung zum Drogenhandel, zu Geheimdiensten und zur Weltwirtschaft.**

Skull & Bones („Schädel und Knochen“, abgekürzt S&B) ist eine von mehreren sehr exklusiven Geheimgesellschaften der Yale University. 1832 als amerikanische Version der zu der Zeit sehr populären Studentenverbindungen an deutschen Universitäten gegründet, werden bei Skull & Bones jedes Jahr 15 neue männliche Mitglieder durch einen *tap* (einen „Klapps“ auf die Schulter) ernannt und im Hauptgebäude der Vereinigung, das als *the Tomb* („die Gruft“) bekannt ist, in einer quasi-freimaurerischen Zeremonie initiiert. Von „Bonesmen“ („Knochenmännern“) wird strikte Vertraulichkeit über ihre Mitgliedschaft erwartet, doch es ist bekannt, dass unter früheren Bonesmen auch etliche Präsidenten waren (einschließlich George W. Bush) und viele andere wichtige Persönlichkeiten der amerikanischen Geschichte.

## Was die Verschwörungstheoretiker sagen

Indem Skull & Bones ein geheimes Netzwerk von elitären Machtmenschen aufgebaut und die Mitglieder mit einer morbiden und antidemokratischen Philosophie indoktriniert hat, ist die Organisation Ausdruck einer fortwährenden Verschwörung gegen die Öffentlichkeit im Stile korrupter Illuminaten. Schon gleich nach der Gründung von Skull & Bones entspannten sich Kontroversen um die Organisation: Zum Beispiel kritisierte ein Universitätsdokument 1873 ihren „kriminellen“ Einfluss. Die Macht der Bonesmen hat sich dennoch gehalten und wurde sogar noch größer. Im 19. Jahrhundert initiierte Skull & Bones sehr viele Sprösslinge von Familien der Elite, die die Politik und Wirtschaft in Amerika beherrschten. Schon früh begann man, Kontakte zu amerikanischen Geheimdiensten aufzubauen und sich über den Opiumhandel im Drogengeschäft zu betätigen. Vielleicht ist das kein Zufall, wenn man an die Verstrickungen der CIA in diesem Resort denkt (siehe S. 23 und S. 48).

Die Verbindung zur elitären Oberschicht hat sich bis heute gehalten, besonders im Fall der Familie Bush; George W. Bush ist Bonesman in dritter Generation. Sein Großvater, Bonesman Prescott Bush, hat massiv bei der Finanzierung der NS-Industrie geholfen. Man geht davon aus, dass Skull & Bones als Ableger einer deutschen geheimen Studentenverbindung gegründet wurde, was zu Vorwürfen geführt hat, die Organisation habe Verbindungen zum germanischen Nationalismus und Faschismus.

Eine tiefer gehende Kritik weist darauf hin, dass die Skull & Bones zugrunde liegende Philosophie von einer krankhaften Todesbesessenheit geprägt ist. Hat diese Philosophie vielleicht etwas mit dem starken Einfluss auf die CIA und den militärisch-industriellen Komplex Amerikas zu tun? Immerhin waren mindestens vier Kriegsminister Bonesmen. Oder ist Skull & Bones sogar ein Mittel im Kampf für etwas noch Finsteres – für einen bösen Masterplan zur Kontrolle der Weltgeschichte? Im Mittelpunkt dieser Theorie steht die Idee, dass Menschen zwar scheinbar eine Wahl gelassen wird, doch dass beide möglichen Optionen in Wirklichkeit von Skull & Bones kontrolliert werden. Das offensichtlichste Beispiel dafür ist die amerikanische Präsidentschaftswahl des Jahres 2004, bei der beide Kandidaten, sowohl George W. Bush als auch John Kerry, Bonesmen waren.

## Offizielle Version

Skull & Bones ist vermutlich nicht mehr als eine etwas glorifizierte Studentenverbindung, ein Ort für die „Jungs“, um zu trinken und sich lustig zu verkleiden. Wenn nur die Hälfte der Gerüchte über Skull & Bones wahr wäre, gäbe es in den USA niemanden in mächtiger Position, der aus einem anderen Milieu käme. Doch der Großteil der nationalen Elite kommt von anderen Universitäten und ist keineswegs Mitglied einer Geheimgesellschaft. Auch wenn man den Pool von Mitgliedern bedenkt, aus dem Skull & Bones schöpft, ist es kaum verwunderlich, dass viele ehemalige Mitglieder prominente Politiker und Geschäftsleute sind. Familien wie die Bushs oder die Kerrys haben eine lange Geschichte öffentlichen Engagements; ihre Sprösslinge hätten ohnehin einen erfolgreichen Weg beschritten, unabhängig davon, ob sie nun Mitglied von Skull & Bones waren oder nicht.

## Wie viel Angst sollten Sie haben? 31 %

Die reißerischen Unterstellungen von Nazi-Verbindungen und Todeskult darf man wohl getrost vergessen, doch Skull & Bones existiert tatsächlich, viele der mächtigsten Männer im Weißen Haus haben in Yale studiert und geben zu, Bonesmen zu sein. Zugleich weigern sie sich, irgendwelche Details darüber mitzuteilen, was in dem geheimen Klub vor sich ging oder wie die Mitgliedschaft die Machtelite auch heute noch beeinflusst. Wenn Skull & Bones das Ziel verfolgt, mithilfe einer kleinen Gruppe privilegierter Männer ein Netz der Macht in den höchsten Rängen der amerikanischen Gesellschaft aufzubauen, sollten wir uns alle ernsthaft Sorgen machen.

# Was geschah mit dem TWA-Flug 800?

**Ein Jumbojet wurde von einer Rakete der US Navy abgeschossen, doch eine Verschwörung und eine Hetzkampagne hat die Wahrheit bis heute vertuscht.**

Kurz nach ihrem Start am 17. Juli 1996 explodierte die Maschine des TWA-Fluges 800 von New York nach Paris mitten in der Luft und riss alle 230 Passagiere und die Crew in den Tod. In vielen Medien werden Augenzeugen zitiert, die gesehen haben wollen, dass eine Rakete das Flugzeug getroffen hatte, doch die Behörden legten eilig ihre eigene Theorie vor: Ein Funken habe Treibstoffgase in einem leeren Tank entzündet. Eine vierjährige Untersuchung führte zu keinem überzeugenden Ergebnis, und doch schloss sie sich der „offiziellen" Erklärung an. Die CIA half bei Erklärungen aus, warum Zeugen denken könnten, sie hätten eine Rakete gesehen: Die plötzliche Änderung der Flugbahn des Flugzeugrumpfs nach der Explosion konnte so aussehen, als ob eine Rakete durch den Himmel heranschoss.

## Was die Verschwörungstheoretiker sagen

Überzeugende Beweise legen nahe, dass die US Navy Raketentests in der Gegend durchführte, nachdem ihr versichert worden war, dass sich der gesamte Flugverkehr oberhalb einer bestimmten Mindestflughöhe abspielen würde. TWA-800 flog jedoch nur auf einer Höhe von etwa 4000 Meter und wurde das Opfer von Friendly Fire. Die Behörden, besorgt über den Skandal, den die Wahrheit auslösen würde, begannen sofort mit einer Vertuschungsaktion.

Von der offiziellen Erklärung enttäuscht trugen seriöse unabhängige Ermittler Details für eine überzeugende Theorie zusammen. Berichte von Dutzenden von Augenzeugen zeigen sicher, dass man einen Streifen sehen konnte, der von der Meeresoberfläche ausging und das Flugzeug traf, und dass erst danach ein anderer Feuerstreifen zu sehen war, wie er im offiziellen Bericht beschrieben wird. Unter den sichergestellten Beweisspuren finden sich auch Dinge, die wie gängige Bestandteile von Raketensprengköpfen aussehen, außerdem Sprengstoffspuren im gesamten Wrack, die genau zu einem Raketeneinschlag passen. Radarbeobachtungen zum Zeitpunkt des Unfalls deuten ebenfalls auf eine Rakete hin. Seitdem sind wichtige

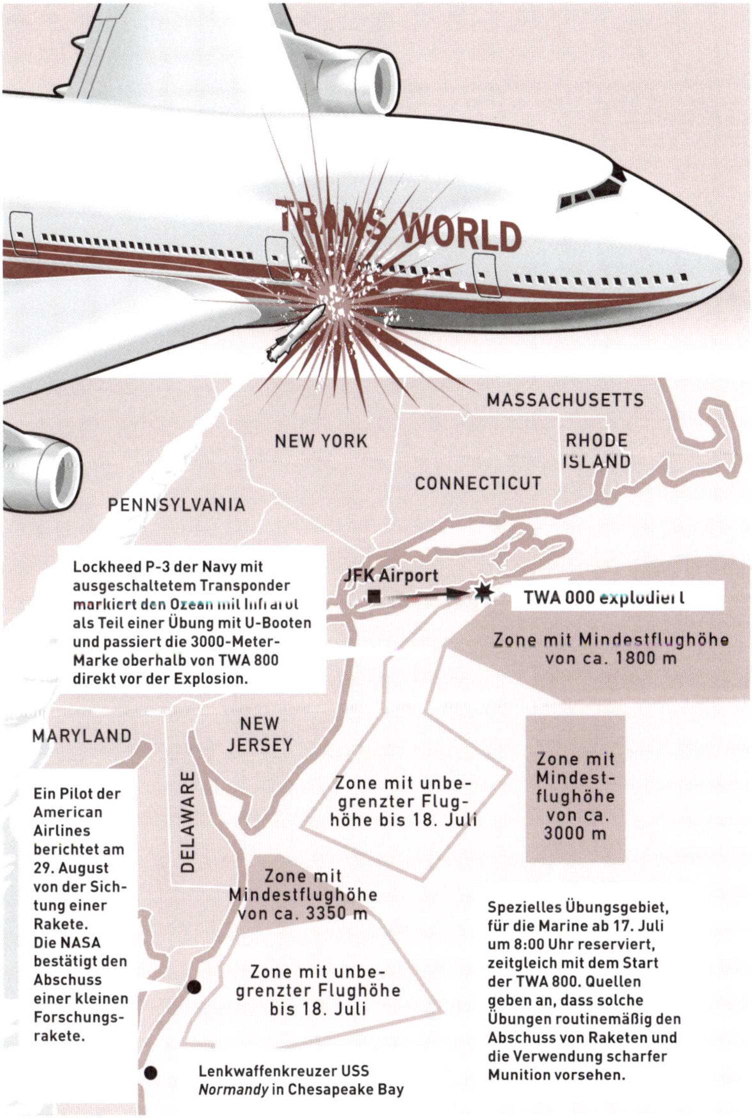
TRANS WORLD
MASSACHUSETTS
NEW YORK
RHODE ISLAND
CONNECTICUT
PENNSYLVANIA
Lockheed P-3 der Navy mit ausgeschaltetem Transponder markiert den Ozean mit Infrarot als Teil einer Übung mit U-Booten und passiert die 3000-Meter-Marke oberhalb von TWA 800 direkt vor der Explosion.
JFK Airport
TWA 800 explodiert
Zone mit Mindestflughöhe von ca. 1800 m
MARYLAND
NEW JERSEY
DELAWARE
Zone mit unbegrenzter Flughöhe bis 18. Juli
Zone mit Mindestflughöhe von ca. 3000 m
Ein Pilot der American Airlines berichtet am 29. August von der Sichtung einer Rakete. Die NASA bestätigt den Abschuss einer kleinen Forschungsrakete.
Zone mit Mindestflughöhe von ca. 3350 m
Zone mit unbegrenzter Flughöhe bis 18. Juli
Spezielles Übungsgebiet, für die Marine ab 17. Juli um 8:00 Uhr reserviert, zeitgleich mit dem Start der TWA 800. Quellen geben an, dass solche Übungen routinemäßig den Abschuss von Raketen und die Verwendung scharfer Munition vorsehen.
Lenkwaffenkreuzer USS Normandy in Chesapeake Bay

Beweisstücke, die zunächst als sichergestellt bezeichnet wurden, unter sehr verdächtigen Umständen verschwunden.

Diese Vertuschungstaktiken scheinen einem bekannten Muster zu folgen. Der CIA-Bericht, der zur Entkräftung der Raketentheorie benutzt wurde, beruht auf fehlerhaften Indizien und ist wohl eher als Propaganda zu betrachten. Das FBI hat viele Augenzeugenberichte, die einen Raketeneinschlag nahelegen, als „geheim" eingestuft, ebenso wie ein Gutachten, vom FBI selbst in Auftrag gegeben, das einen Raketeneinschlag für wahrscheinlich hält. Auch das National Transportation Safety Board (offiziell mit der Ermittlung betraut) hat Beweise zurückgehalten. Im Juni 2013 brachten sechs der damaligen Ermittler nochmals eine Petition ein, um die Wiederaufnahme des Falles durch das NTSB zu erwirken – ohne Erfolg.

1996 behauptete der bekannte Journalist Pierre Salinger, französische Geheimdienstquellen hätten ihn darüber informiert, dass die US-Marine das Flugzeug abgeschossen hatte; sofort wurde Salinger als leichtgläubiger Narr gebrandmarkt. Der investigative Journalist Jim Sanders und seine Frau mussten sich aufgrund von Vorwürfen, sie hätten Beweise manipuliert, vor Gericht verantworten. Dies ist typisch für die Hetzkampagnen der Geheimdienste, um Kritiker zu diskreditieren.

## Offizielle Version

Das erste Medienrauschen zur Raketentheorie basierte auf unbestätigten „Insider"-Quellen, die sich als unwahr herausstellten. Eine intensive vierjährige Untersuchung durch die weltbesten Experten kam zu dem Ergebnis, dass der explodierende Treibstofftank als Ursache des Unglücks anzusehen ist.

## Wie viel Angst sollten Sie haben? 45 %

Das Szenario eines Friendly Fire, gefolgt von einer Vertuschungskampagne, ist überzeugend. Die offizielle Untersuchung war zutiefst fehlerhaft, wahrscheinlich durch die Einmischung des FBI. Zumindest die Angehörigen der 230 Opfer hätten das Recht gehabt, unverzüglich die volle Wahrheit zu erfahren.

# Der Illuminatenorden

**Eine elitäre Geheimgesellschaft, darauf aus, eine Revolution zu entfachen, um die Weltherrschaft anzutreten, oder einfach nur eine paranoide Fiktion?**

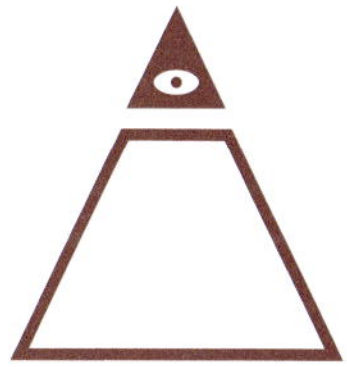

Quer durch die Geschichte hindurch haben sich mehrere Gruppen Illuminaten genannt, vom Lateinischen „die Erleuchteten", doch zumeist bezieht sich der Name auf den Illuminatenorden, den der ehemalige Jesuit und Professor für Jura, Adam Weishaupt, zusammen mit Baron Adolph von Knigge 1776 im bayerischen Ingolstadt gründete. Die Mitglieder der Gemeinschaft rekrutierten sich fast ausschließlich aus Freimaurerkreisen. Der Illuminatenorden war eine Geheimgesellschaft für Freidenker mit republikanischen Idealen, einschließlich einiger Überzeugungen, die damals radikal waren, heute jedoch eher alltäglich anmuten. Mitglieder waren sowohl Intellektuelle wie Goethe als auch Angehörige der lokalen Aristokratie. Im konservativ-katholischen Königreich Bayern des 18. Jahrhunderts war die Obrigkeit erwartungsgemäß nicht sehr angetan von dem Orden, und so wurde er 1785 verboten.

## Was die Verschwörungstheoretiker sagen

Das erklärte Ziel des Illuminatenordens, wie wir aus geheimen Papieren von Weishaupt wissen, bestand darin, die Regierungen der Welt zu unterwandern, eine Revolution zur Absetzung der bestehenden Staaten und Religionen anzuzetteln und eine übergeordnete Weltregierung zu schaffen. Trotz des offiziellen Verbots bestand der Orden im Geheimen fort und betrieb sein böses Spiel weiter mithilfe von so unterschiedlichen Gruppen wie den Freimaurern, dem britischen Königshaus, Bilderberg, der Trilateralen Kommission, dem Council on Foreign Relations, der Europäischen Union, den Vereinten Nationen, der internationalen jüdischen Bankenverschwörung, der zionistisch-bolschewistischen Verschwörung, Skull & Bones und vielen anderen. Durch diese einflussreichen Organisationen greifen die Illuminaten nach der Weltherrschaft und kontrollieren die Weltgeschichte wie in einem Puppentheater, wobei sie die Weltbevölkerung Schritt für Schritt auf die Einrichtung einer Neuen Weltordnung vorbereiten. Zu den bisherigen Erfolgen der Illuminaten zählen die Amerikanische, Französische und Russische Revolution, die Verbreitung des Atheismus, die Gründung der EU, der Vereinten Nationen (UNO), der Weltgesundheitsorganisation (WHO), der Weltbank und des Internationalen Währungsfonds (IWF). Sie sind vermutlich auch mit Außerirdischen im Bunde, um die Menschheit zu versklaven und den Planeten zu übernehmen. Vermutlich *sind* sie sogar Außerirdische!

## Offizielle Version

Theorien zum Illuminatenorden haben in der Regel wenig Beweise auf ihrer Seite und ihr quasi-mythischer Charakter macht die Illuminaten zum perfekten Kandidaten für die Rolle des Erzschurken in den jeweiligen weltumspannenden Verschwörungstheorien. In diese Rolle wurden sie erstmals im späten 18. Jahrhundert gedrängt, als zeitgenössische Verschwörungstheoretiker ihnen vorhielten, sie seien eine Mischung aus Tempelrittern und Freimaurern, und sie hätten die Amerikanische und Französische Revolution geplant und ausgeführt. In Wirklichkeit hatte der Orden niemals mehr als 2000 Mitglieder und bestand nach 1785 nicht mehr, denn schon zuvor wurde er durch interne Querelen gebeutelt.

Was man höchstens sagen kann ist, dass die Ordensmitglieder Ideale diskutierten und propagierten, die sie mit anderen Revolutionären ihrer Zeit gemeinsam hatten, wie zum Beispiel das Primat des Verstandes und individueller Rechte gegenüber der Autorität von Kirche und Staat. Die reaktionären Kräfte des Establishments fürchteten diese Ideen so sehr, dass sie mit einer Dämonisierung des Ordens antworteten.

In der Welt der modernen Verschwörungstheorien gründen sich die Vorstellungen zum Illuminatenorden vor allem auf einem kaum verschleierten Antisemitismus sowie Gefühlen von Ausschluss und Entfremdung aufseiten der Mittelklasse.

## Wie viel Angst sollten Sie haben? 0 %

Die völlig fehlgeleiteten Tiraden gegen die angeblichen Illuminaten und ihre Neue Weltordnung verunsichern lediglich und lenken von einer wirklich sinnvollen kritischen Forschung ab. Sie helfen nur denen, die etwas zu verbergen haben – dem geheimen Staat im Staate zum Beispiel – und verunglimpfen seriöse Forscherinnen und Forscher als leichtgläubige Wirrköpfe.

# Die Protokolle der Weisen von Zion

**Eine plumpe zaristische Fälschung, aus fiktiven Quellen zusammengeschustert, die sich dennoch als wohl gefährlichste Verleumdung der Geschichte herausgestellt hat.**

Im Jahr 1903 verkündete eine ukrainische Zeitung in ihren Schlagzeilen, es gebe ein brisantes Dokument mit dem Namen *Die Protokolle der Weisen von Zion* – Berichte von einer Reihe geheimer Treffen, bei denen „böse Juden" (die im Bericht genannten „Weisen") ihren heimtückischen Plan zur Übernahme der Weltherrschaft ausgearbeitet hätten. Zwei Jahre später publizierte der russische Mystiker Sergei Nilus eine längere Version der *Protokolle.*

1914 war dieses Buch ein Bestseller in ganz Europa. Die Existenz der *Protokolle* wurde als Vorwand für die Verfolgung von Juden benutzt: Repressionen gegen russische Juden (blutige Pogrome, bei denen 100 000 Juden ermordet wurden), das Attentat auf den deutschen Außenminister Walther Rathenau und schließlich Hitlers „Endlösung".

1972 tötete eine linksradikale Gruppe japanischer Fanatiker, von den *Protokollen* angestachelt, 26 Menschen am Flughafen von Tel Aviv. Zu den Fans des Pamphlets gehörten auch Henry Ford, Muammar al-Gaddafi, David Icke, Osama bin Laden und der Ku-Klux-Klan.

## Was die Verschwörungstheoretiker sagen

Die *Protokolle* enthüllen in erschreckenden Details die jüdischen Pläne, die Kontrolle von Regierungen, Handel und Medien zu übernehmen, das Wirtschaftsleben, moralische Werte und das Christentum zu untergraben, Städte zu zerbomben und die Menschen mit biologischen Keimen zu infizieren, um letztendlich ihre Herrschaft über eine geschundene Welt zu errichten. Diese Dokumente beweisen, dass die Juden federführend in einer weltweiten Verschwörung gegen alle Völker der Erde sind und dass sie für alle wichtigen Heimsuchungen verantwortlich waren, von der Wirtschaftskrise der 1930er-Jahre über die beiden Weltkriege bis hin zur rechtlichen Gleichstellung von Homosexuellen, AIDS und den Anschlägen vom 11. September.

## Offizielle Version

Schon bald nach ihrer „Entdeckung" wurde klar, dass es sich bei den *Protokollen* um eine plumpe Fälschung durch die Ochrana, die Geheimpolizei im zaristischen Russland, handelte. Man vermutet, dass der als Antisemit bekannte Chef der Ochrana, Pjotr Iwanowitsch Ratschkowski, die Fälschung bei dem hetzerischen Autor und Journalisten Matwei Golowinski in Auftrag gegeben hatte.

Große Teile der *Protokolle* wurden aus unterschiedlichen Büchern abgeschrieben, wobei hier und da einzelne Worte verändert wurden. Vieles lässt sich zum Beispiel direkt auf Maurice Jolys politische Satire *Ein Streit in der Hölle: Gespräche zwischen Machiavelli und Montesquieu* aus dem Jahr 1864 zurückverfolgen, in der Napoleon III. seinen teuflischen Plan zur Erringung der Weltherrschaft erläutert. Golowinski hat anscheinend einfach „Frankreich" durch „Zion" ersetzt und „Napoleon" durch „Juden". Nilus gab später zu, dass Ratschkowski den Betrug geplant hatte. Selbst der antisemitische Zar Nikolaus II. ordnete ein Verbot der *Protokolle* an, nachdem ihm klar geworden war, dass sie gefälscht waren. Der Betrug ist seitdem von vielen Autoren und der *Times* offengelegt worden.

## Wie viel Angst sollten Sie haben? 0 %

Die schmutzige Geschichte der *Protokolle* zeigt in aller Deutlichkeit, wie Verschwörungstheorien für die Dämonisierung von Minderheiten und für die Anstiftung zum Rassenhass benutzt und missbraucht werden können. Trotz ihrer vollständigen Enttarnung als Propaganda werden sie weltweit noch immer von zahlreichen Gruppen – besonders in islamischen Ländern und in Russland – als Beweis für eine jüdische Weltverschwörung gedeutet. 2004 zeigte das Handschriftenmuseum der Bibliotheca Alexandrina in Ägypten ein Exemplar als „echtes Dokument" und beschrieb es als „ein heiliges Buch der Juden". Dieser Betrug hat bereits zum Tod von Millionen von Juden beigetragen; wie lange soll dieser Irrsinn noch weitergehen?

# Der Giftgasanschlag in Tokio

**Könnte der Anschlag der „Aum-Sekte“ auf die Tokioter U-Bahn nur die Spitze des Eisbergs sein in einer groß angelegten Geschichte von öffentlicher Korruption und geheimen Waffen für das Jüngste Gericht?**

Am 20. März 1995 starben in der Tokioter U-Bahn 13 Menschen bei einem Anschlag mit dem Nervengas Sarin. 5000 Menschen mussten in Krankenhäusern behandelt werden. Hinter der ungeheuerlichen Tat stand die seltsam geheime Organisation namens Omu Shinrikyo, in der Presse gern als „Aum-Sekte“ bezeichnet. Schon bald nach der Tat waren die meisten Führungspersönlichkeiten, die Täter des Anschlags sowie der Anführer der Gruppe, Shoko Asahara, in Haft und die Gruppe wurde verboten (auch wenn sie in vermeintlich harmloser Form unter dem Namen „Aleph“ weiter besteht). Alle Führungspersonen der Organisation sind heute entweder tot oder inhaftiert, manche haben ihre Haftstrafen abgesessen. Asahara und zwölf weitere Mitglieder der Sekte wurden zum Tode verurteilt und im Juli 2018 hingerichtet.

## Was die Verschwörungstheoretiker sagen

Der Giftgasanschlag in Tokio war lediglich der tödlichste in einer Reihe von merkwürdigen Vorfällen, in die Omu Shinrikyo verstrickt war, eine Sekte, die möglicherweise Zugang zu supergeheimen Endzeitwaffen hatte. Die Organisation begann in den 1980er-Jahren als eine Art buddhistische Sekte, die Yoga und gesundes Essen propagierte, doch in den 1990ern wurde daraus etwas viel Bedrohliches: eine Endzeitsekte, die glaubte, dass die biblische Schlacht von Armageddon kurz bevorstehe und 90 Prozent der Menschheit auslöschen würde. Nur einige wenige Erwählte würden überleben. Ihr heiliges Ziel war es, Armageddon aktiv herbeizuführen, und dazu wurden biologische und chemische Massenvernichtungswaffen entwickelt. Nach dem Giftgasanschlag fanden Ermittler groß angelegte Waffenlabors, die mit Botulinustoxinen und Pockenviren ausgestattet waren.

Woher bekam Omu Shinrikyo das Geld und die Unterstützung für dieses Endzeitarsenal? Zum Zeitpunkt der Verhaftung der Führungsriege hatte die Sekte einen Wert von über eine Milliarde US-Dollar. Ein Großteil des Geldes kam von Anhängern, doch es gibt auch starke Indizien dafür, dass die Sekte Verbindungen zur japanischen Obrigkeit hatte. So scheint sie umfangreiche Geldmittel zum Beispiel von

Shintaro Ishihara bekommen zu haben, einem einflussreichen Politiker und ehemaligen Gouverneur von Tokio. Auch zählten viele Mitglieder des japanischen Militärs zu ihren Anhängern. Im Vorfeld der Sarin-Anschläge schützten die Behörden aus unerfindlichen Gründen die Sekte vor polizeilichen Ermittlungen, obwohl es etliche andere Gasanschläge und zahllose Anschuldigungen von ehemaligen Sektenmitgliedern gab.

Mit 30 000 Mitgliedern hatte die Sekte zudem eine besonders feste Basis in Russland. Man geht im Allgemeinen davon aus, dass die Gruppe hochgeheime Technologien für Energiewaffen von den Russen kaufte. Omu Shinrikyo hatte ein großes Interesse an Energiewaffen, besonders an jenen des legendären Erfinders und Elektrizitäts-Pioniers Nikolas Tesla. Bereits vor über einem Jahrhundert behauptete Tesla, er habe eine Reihe von furchtbaren Energiewaffen entwickelt, einschließlich solchen, die unter

**Links:** Shoko Asahara (bürgerlicher Name Chizuo Matsumoto), Gründer von Omu Shinrikyo, wie er im Magazin *Time* im Juli 2002 abgebildet wurde. Im Mittelpunkt der Anschauungen der Sekte steht die Idee, dass Gläubige durch das Ertragen von Leid „schlechtes Karma tilgen" können. Mitglieder benutzten diese Idee, um Missbrauch an anderen Mitgliedern zu rechtfertigen.

Verwendung von elektromagnetischen Impulsen Erdbeben auslösen könnten. Ein Großteil dieser Forschung wurde von der US-Regierung unter Verschluss gehalten und ist bis heute als „top secret" eingestuft. Es ist kaum zu glauben, doch Indizien legen nahe, dass Omu Shinrikyo sogar einige dieser Waffen angeschafft hat.

1993 wurde ein Erdbeben im Westen Australiens gemeldet – das Erste, das dort jemals registriert wurde. Es ging mit Beobachtungen merkwürdiger Lichtstrahlen einher. Untersuchungen ergaben, dass das Epizentrum des Bebens bei Banjawarn Station lag, einer Rinder- und Schaffarm, die nur wenige Wochen zuvor von Omu Shinrikyo erworben worden war.

Testete die Sekte eine Art Energiewaffe? Führte Omu Shinrikyo die Forschung zu diesen Waffen weiter, die die Sowjets im geheimen Wettrüsten mit den USA begonnen hatten?

## Offizielle Version

Tesla war ein selbstdarstellerischer Ingenieur und Erfinder, der großartige Versprechen machte, um von leichtgläubigen Sponsoren Geld zu bekommen, aber die sogenannten Energiewaffen sind ein Märchen. Sekten wie Omu Shinrikyo leiden an Größenwahn, und streng genommen war ihr U-Bahn-Attentat ein Misserfolg, denn das Ziel war der Tod von Tausenden Menschen. Daran erkennt man, dass ihr technologisches Know-how viel zu gering war für die großspurigen Ambitionen der Sekte. Wie dem auch sei, die Sekte ist heute fast vollständig aufgelöst.

## Wie viel Angst sollten Sie haben? 15 %

Omu Shinrikyo ist nur eine von mehreren einflussreichen Sekten, die die japanische Gesellschaft auf allen Ebenen unterwanderten. Gemeinsam war ihnen eine apokalyptische Geschichtsdeutung. Tatsächlich gibt es Hinweise darauf, dass Omu Shinrikyo wegen des Gasangriffs von einer rivalisierenden Gruppe namens Soka Gakkai angeschwärzt wurde. Plant Soka Gakkai, die Verbindungen zu korrupten Politikern und der Armee in Japan hat, weitere Angriffe, die dann den U-Bahn-Anschlag von Tokio wie eine Bagatelle aussehen lassen werden?

Teil 3:

# Niemand ist sicher

# Der Tod von Prinzessin Diana

**War der Autounfall einfach nur ein Unglück oder wurde Prinzessin Diana vom britischen Geheimdienst im Auftrag einer rachsüchtigen königlichen Familie ermordet?**

Nach ihrer bitteren Scheidung von Prinz Charles im August 1996 hatten sich die Beziehungen zwischen Prinzessin Diana und der königlichen Familie deutlich verschlechtert. 1997 ging das Gerücht, dass sie im Begriff war, ihre Verlobung mit dem Playboy Dodi Al-Fayed bekannt zu geben, dem Sohn des Harrods-Besitzers Mohammed Al-Fayed. Dies war der vorläufige Höhepunkt in einer Kette von Peinlichkeiten für die Royals, die Dianas Beliebtheit anscheinend kaum ertragen konnten.

In der Nacht des 31. August 1997 befanden sich Diana und Dodi, zusammen mit ihrem Leibwächter Trevor Rees-Jones, in einem Auto, das von Henri Paul, dem Sicherheitschef der Al-Fayeds, gefahren wurde. Sie wurden von einem Pulk von Paparazzi auf Motorrädern und in Autos verfolgt (einschließlich einem weißen Fiat Uno, der später spurlos verschwand). Als das Auto durch eine Unterführung raste und nach rechts schwenkte, um ein langsameres Fahrzeug zu überholen, das in der linken Spur fuhr, geriet das Auto außer Kontrolle und krachte in einen Pfeiler. Das Auto blieb mit Totalschaden liegen, der Fahrer und Dodi waren sofort tot. Rees-Jones war schwer verletzt und Diana dem Tode nahe. Zwar überlebte Rees-Jones den Unfall, doch nach der Operation zur Rekonstruktion seines Kiefers und seines gebrochenen Armes lag er für etliche Wochen im Koma und konnte sich an kaum etwas erinnern, nachdem sie vom Hotel weggefahren waren. Dianas Verletzungen waren so schwer, dass sie starb.

## Was die Verschwörungstheoretiker sagen

Angeblich war die königliche Familie schockiert von Dianas Liaison mit Dodi, und zwar aus mehreren Gründen. Erstens war er ein Moslem, und damit wären mögliche Kinder der beiden (als Stiefgeschwister des zukünftigen Königs) muslimisch – was einen beispiellosen Skandal verursachen könnte. Außerdem befand sich Mohammed Al-Fayed in einem langen Streit mit der britischen Regierung, die ihm einen britischen Reisepass verweigerte.

Wenn sein Sohn die Mutter des zukünftigen Königs heiraten würde, wäre das ein gewaltiger persönlicher Triumph für Mohammed Al-Fayed und ein weiterer Schlag ins Gesicht der königlichen Familie. „Ganz klar, sie waren im Begriff, sich zu

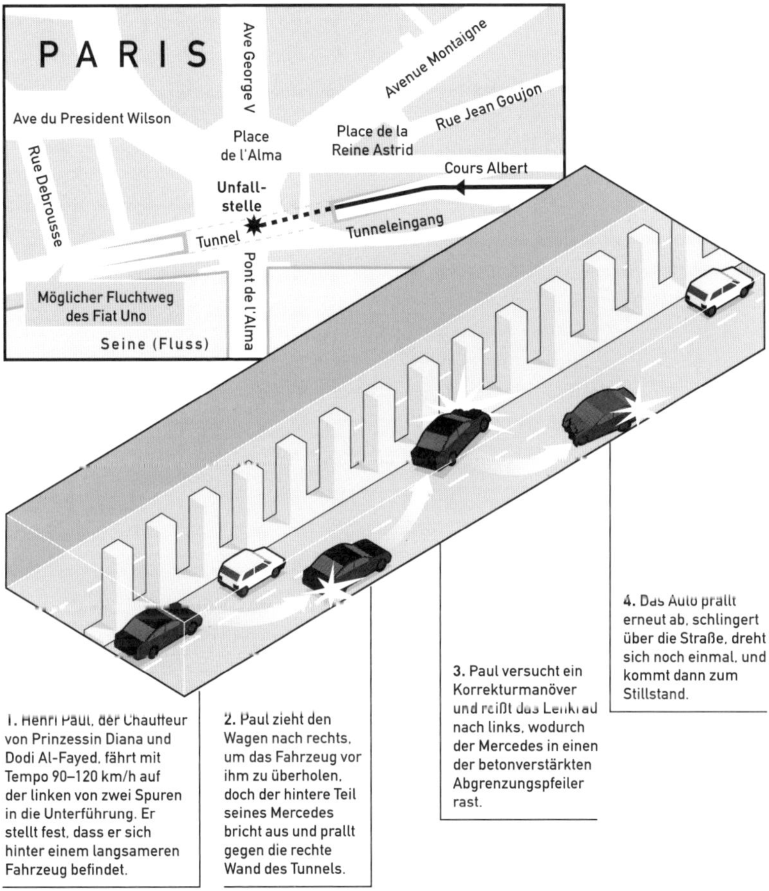


verloben", sagte Mohammed Al-Fayed der *Sunday Times* im Juni 1998. „Ich bin ganz sicher, dass die Prinzessin nach ihrer Rückkehr nach Großbritannien Dodis Heiratsantrag mit ihren Söhnen besprechen wollte."

Eine beliebte Theorie geht davon aus, dass Diana zum Zeitpunkt ihres Todes bereits schwanger war, und die königliche Familie habe diese Information benutzt, um den Kontakt von Dianas Familie zu ihren Söhnen, und damit ihre Einflussmöglichkeit, zu begrenzen. Noch abenteuerlicher war die Vermutung, Diana sei gar nicht das Ziel des „Unfalls“ gewesen; vielmehr habe der Anschlag Dodi gegolten, und Diana war nur unglücklicherweise zur falschen Zeit am falschen Ort gewesen.

Einer der beteiligten Paparazzi, ein gewisser James Andanson, wurde im Mai 2000 unter mysteriösen Umständen tot aufgefunden. Er besaß einen weißen Fiat Uno. Kurz nach seinem Tod wurde seine Fotoagentur Sipa von bewaffneten maskierten Männern überfallen.

Der ehemalige britische Geheimdienstoffizier Richard Tomlinson vermutet, dass der MI6 den „Unfall“ geplant und ausgeführt hat; man habe Paul mit einer Blitzpistole geblendet und dadurch den Unfall ausgelöst, in einer ganz ähnlichen Operation, wie sie ursprünglich für die Liquidierung des ehemaligen serbischen Präsidenten Slobodan Milosevic geplant war. Die Überwachungskameras in der Unterführung waren aus unerklärlichen Gründen ausgeschaltet.

Paul hatte geheimnisvolle Zahlungen erhalten, und Tomlinson vermutet, er sei ein Informant des MI6. Inzwischen ist außerdem bekannt geworden, dass Diana 1996 eine Tonbandaufnahme gemacht hatte, in der sie ihre Angst zum Ausdruck brachte, Prinz Charles würde versuchen, sie zu ermorden – und zwar durch einen fingierten Autounfall.

## Offizielle Version

Man geht davon aus, dass Paul Alkoholiker war und vom Arzt verschriebene Medikamente nahm. Die einzigen Zeugen, die einen hellen Blitz im Tunnel gesehen haben wollen, sind entweder unglaubwürdig oder nicht existent. Diana war bekanntermaßen paranoid, sodass wilde Anklagen gegen Charles kaum überraschen. Intensive rechtliche Ermittlungen in Frankreich haben jede Verschwörungstheorie als haltlos erwiesen.

## Wie viel Angst sollten Sie haben? 1 %

Al-Fayed und andere betrachten die Ermittlungen als eine Farce und behaupten, Pauls Blutproben seien fingiert worden, um den Eindruck zu erwecken, er sei betrunken gewesen. Alle Alkoholismusvorwürfe seien auf Sand gebaut. Auf der anderen Seite müssen selbst skeptische Stimmen zugeben, dass der Plan, wenn es denn einer war, sehr schlecht durchgeführt worden war, denn wenn Diana und Dodi Sicherheitsgurte getragen hätten, wären sie wahrscheinlich noch am Leben.

# Der Tod eines Traumes

**Martin Luther King wurde nicht von einem selbstständig handelnden Attentäter ermordet, sondern fiel einer Verschwörung von CIA und Mafia zum Opfer, die damit die charismatischste schwarze Führungspersönlichkeit seiner Zeit liquidieren wollten.**

Am 4. April 1968, nur wenige Wochen vor einem geplanten Protestmarsch nach Washington, wurde Martin Luther King von der Kugel eines Heckenschützen am Kopf getroffen, als er auf dem Balkon des Lorraine Motel in Memphis, Tennessee, stand. Die Fingerabdrücke auf der Mordwaffe wiesen auf den Kleinkriminellen und Straßenräuber James Earl Ray hin, der zwei Monate später in London verhaftet wurde. Nachdem er sich schuldig bekannt hatte (um der Todesstrafe zu entgehen), wurde er zu 99 Jahren Haft verurteilt. Direkt danach behauptete er, sein Geständnis sei frei erfunden gewesen, doch er blieb bis zu seinem Tod 1998 im Gefängnis.

## Was die Verschwörungstheoretiker sagen

King wurde von einem Liquidierungskommando von CIA und Mafia ermordet, und zwar im Auftrag des Militärs, des FBI und des weißen Establishments. Ray wurde in einer ausgeklügelten Operation für den Mord benutzt, und danach wurden alle Spuren beseitigt.

1968 hatten Kings Auftreten und Einfluss ihren Höhepunkt erreicht, und das machte den Behörden große Angst. Das FBI glaubte, er habe Verbindungen zu Kommunisten. Sicherheitsdienste bei der Armee, die ihn seit Jahren wegen seiner lautstarken Kritik am Vietnamkrieg überwacht hatten, befürchteten, sein bevorstehender Marsch nach Washington wäre der Auftakt für Massenunruhen, die den Sturz der Regierung zum Ziel hätten.

Am Tag seiner Ermordung gab es eine verdächtig hohe Zahl von Sicherheits- und Geheimdienstbeamten in Memphis, während das FBI aus unerfindlichen Gründen entschied, die Bewachung von King, die normalerweise ohne Pause und intensiv durchgeführt wurde, zurückzuziehen, obwohl bekannt war, dass sein Leben in Gefahr war. Nur zwei Polizisten wurden zu seinem Schutz abgestellt, doch einer von ihnen, der schwarze Polizeibeamte Ed Reddit, wurde aus unerklärlichen Gründen abgezogen, um sich mit einer Gruppe von Polizei- und Geheimdienstchefs zu treffen.

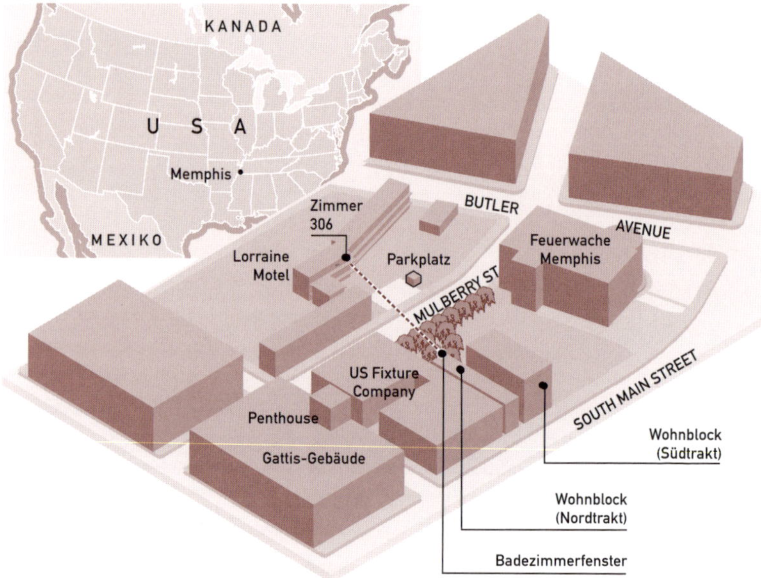


Noch verdächtiger waren die Ermittlungen zu Ray, dem mutmaßlichen Attentäter. Ein Mann wurde beobachtet, wie er aus dem gegenüberliegenden Teil des Lorraine Motel floh und beinahe theatralisch ein Bündel auf dem Pflaster fallen ließ. Dieses Paket enthielt praktischerweise die Mordwaffe und ein paar von Rays persönlichen Gegenständen, übersät mit seinen Fingerabdrücken (obwohl weder im Zimmer, aus dem die Schüsse abgegeben wurden, noch auf der Patronenpackung seine Fingerabdrücke gefunden wurden).

In Rays Gerichtsverfahren sagten Sachverständige aus, dass nicht einmal ein Top-Präzisionsschütze oder Schlangenmensch es fertiggebracht hätte, King aus diesem Zimmer an der gegenüberliegenden Seite zu erschießen. Zweige von Bäumen verdeckten die Sicht aus dem Fenster auf den Balkon, und die Anklage vermutete, Ray, ein schlechter Schütze in der Armee, habe sich daher an der Badewanne festgehalten, um den Schuss abzugeben. Weitere forensische Tests zu den entsprechenden Spuren, die 1997 durchgeführt wurden, ergaben zweifelsfrei, dass die Kugel, mit der King getötet wurde, nicht aus der Waffe stammte, die die Behörden nach wie vor als Mordwaffe präsentierten.

Trotz der Beweise, dass Ray nicht der Mörder war, hielt die Anklage daran fest, sodass er sich seiner Ergreifung entzog und es irgendwie nach Toronto schaffte, wo ein geheimnisvoller „dicker Mann" ihm ein Bündel mit Geldscheinen gab, was ihm die Flucht nach Europa und weiter nach Angola ermöglichte.

Vor dem Mordanschlag hatte Ray eine Reihe von falschen kanadischen Namen verwendet, obwohl er niemals dort gewesen war. Ray selbst behauptete, er sei von seinem Anwalt mit Mafia-Kontakten zu dem falschen Geständnis gezwungen worden, und ein Mann namens „Raoul", vermutlich ein Waffenhändler, habe ihn zum Sündenbock gemacht. Nachfolgende Ermittlungen ergaben, dass ein CIA-Agent mit Namen Raoul Miora zu der Zeit in Kanada im Einsatz war. Seine Spezialität? Gefälschte Papiere.

Kurzum, der kleine Ganove Ray wurde von der CIA rekrutiert, durch Amerika herumgeschickt, bis er in Memphis ankam, wo man ihm sagte, er solle ein Gewehr kaufen und sich ein Zimmer nehmen. Ein Täter, der Ray ähnlich sah, führte den Mord aus und deponierte die fatalen Beweise in aller Öffentlichkeit. Man verhalf Ray daraufhin zur Flucht, nur um ihn später zu stellen.

## Offizielle Version

Klar, dass Ray versuchte, sich herauszureden, nachdem er verurteilt worden war, doch seine Geschichte ist völlig absurd. Im Jahr 2000 ließ Generalstaatsanwaltin Janet Reno eine Revision des Verfahrens zu, mit dem Ergebnis, dass es keine glaubwürdigen Indizien zur Bestätigung der Verschwörungstheorien gab.

## Wie viel Angst sollten Sie haben? 75 %

Die Indizien deuten auf ein Komplott hin – Ray wird wohl kaum der Mörder von Martin Luther King sein. Entscheidende Dokumente des Falles sind noch immer streng geheim. Wir müssen uns also wohl noch weitere 50 Jahre gedulden, bevor wir die Wahrheit erfahren werden.

# Die Kerze im Wind

**Marilyn Monroes Tod war nicht einfach ein Suizid. Sie wurde ermordet, um die Kennedy-Brüder zu beschützen oder möglicherweise zu erpressen.**

Am 4. August 1962 wurde die Filmikone Marilyn Monroe im Badezimmer ihres Hauses in Brentwood, Kalifornien, tot aufgefunden. Sie war 36 Jahre alt. Offiziell starb sie an einer Überdosis Drogen; allerdings wurden keine Reste davon in ihrem Magen gefunden. Es wird allgemein angenommen, dass schon fünf Stunden vor dem offiziellen Notruf ein Krankenwagen gerufen worden war, nur um umzukehren und sie zu ihrem Haus zurückzubringen.

## Was die Verschwörungstheoretiker sagen

Monroe war die Geliebte von sowohl Jack (John) als auch Bobby (Robert) Kennedy. Das Ergebnis war, dass ihr Anwesen vom FBI, aber auch von der Mafia verwanzt wurde. Bei den Kennedys eingeführt wurde sie von Peter Lawford, einem Mitglied des Rat Packs um Frank Sinatra mit Verbindungen zur Mafia, und vom Mafiaboss Sam Giancana, der möglicherweise selbst eine Affäre mit der Schauspielerin hatte und ihre verschiedenen Liebschaften genau beobachtete, um sie eventuell zu Erpressungszwecken zu nutzen. J. Edgar Hoover, der Chef des FBI, hatte ganz ähnliche Motive. Er hasste und fürchtete die Kennedy-Brüder, denn sie hatten seine Position in Zweifel gezogen; er wollte Beweise gegen sie sammeln, um sich selbst zu schützen.

Inzwischen hatten die beiden Brüder sich in gefährlicher Weise auf Monroe eingelassen. Es geht die Geschichte, dass Jack sie einfach als Ablenkung sah und sie achtlos zur Seite schob, woraufhin Monroe ihm eine Szene machte und damit drohte, das Ganze auffliegen zu lassen, was für die Stellung des Präsidenten fatal gewesen wäre. Bobby begann ein Verhältnis mit Monroe, um sie von Jack abzulenken, doch dann verliebte er sich in sie. Als Monroes Verhalten immer unberechenbarer wurde, einschließlich Stimmungsschwankungen und starkem Drogenkonsum, wurde sie für beide zur Belastung. Im August 1962, nachdem sie hysterische Drohungen über das Telefon geäußert hatte, musste etwas geschehen.

Es gibt im Wesentlichen drei Versionen dazu, was als Nächstes geschah. Die erste Theorie geht davon aus, dass Bobby Kennedy, beunruhigt über Marilyn nach ihrem alarmierenden Telefonanruf, bei ihr vorbeifuhr und entdeckte, dass sie versehentlich eine Überdosis genommen hatte. Er rief den Notarztwagen, doch dann stellte er fest, dass sie auf dem Weg zum Krankenhaus schon tot war. Um einen Skandal zu vermeiden, ließ er den Leichnam wieder ins Bett legen, während er sich davonmachte. Die zweite Theorie besagt, dass vermutlich Mitglieder der Mafia oder Agenten der Regierung für Monroes Ermordung verantwortlich waren, um die Kennedys aus der skandalösen Situation zu befreien. Die dritte Theorie wiederum behauptet, dass Marilyn entweder vom FBI oder von der Mafia getötet wurde, um ihren Tod – falls erforderlich – an die Kennedys zu koppeln und diese damit zu erpressen. Die Mordtheorien erklären, warum keine Drogenrückstände in ihrem Magen gefunden wurden, denn die fatale Dosis war ihr mit einem Zäpfchen beigebracht worden. Dies würde auch Lawfords seltsame Bemerkung erklären, die er über ihren Tod machte: „Marilyn hat ihren letzten großen Einlauf bekommen." Alle gehen davon aus, dass Monroes Wohnung komplett verwanzt war, und es gibt zahllose Menschen, die behaupten, sie hätten Bandaufzeichnungen gehört, die ihre jeweilige Theorie bestätigen.

## Offizielle Version

Der Arzt, der die Obduktion durchführte, sagte, Monroes Tod sei aller Wahrscheinlichkeit nach ein Suizid gewesen; es ist allgemein bekannt, dass sie in den Monaten zuvor an Depressionen und Stimmungsschwankungen gelitten hatte. Sie war zudem fahrlässig im Konsum von Aufputsch- und Beruhigungsmitteln, und möglicherweise hat sie sich bei der Dosierung der Letzteren verschätzt. Eine vom Staatsanwalt von Los Angeles geleitete Untersuchung kam 1982 zu dem Schluss, es gäbe keine glaubwürdigen Anhaltspunkte für ein Fremdverschulden.

## Wie viel Angst sollten Sie haben? 3 %

Die „inoffizielle" Fahrt mit dem Krankenwagen kann man dadurch erklären, dass das St. John's Hospital in Santa Monica nichts mit dem Skandal zu tun haben wollte, den die Einlieferung einer solchen Berühmtheit zwangsläufig ausgelöst hätte. Die größte Schwachstelle der „Sie wurde getötet, um JFK zu schützen-Theorie" besteht darin, dass all seine anderen Liebhaberinnen – einschließlich der potenziell viel peinlicheren Judith Campbell Exner, einer bekannten Gespielin von Sam Giancana – ihn überlebten. Und was die vermuteten Tonbänder angeht: Wenn die wirklich angefertigt wurden, wer hat sie dann? Eine Person wie Monroe lädt unweigerlich zu den pikantesten Geschichten ein, was ihren Tod angeht. Doch das heißt nicht, dass die Geschichten der Wahrheit entsprechen.

# Der einsame Schütze

**Lee Harvey Oswald handelte nicht eigenständig, sondern könnte für das FBI, die CIA, Castro-Gegner in Kuba oder den russischen KGB gearbeitet haben.**

Am 22. November 1963 wurde Präsident John F. Kennedy in Dallas, Texas, erschossen. Lee Harvey Oswald wurde wegen des Verbrechens verhaftet, da er zu Zeugenaussagen passte, nach denen ein Mann ein Gewehr aus einem Fenster des Texas School Book Depository gehalten hatte. Später wurde dort eine Waffe mit seinen Fingerabdrücken sichergestellt, nachdem er einen Polizeibeamten niedergeschossen hatte, der versucht hatte, ihn zu befragen. Zwei Tage später wurde er von dem Mafia-Ganoven Jack Ruby, der auch zeitweise als Informant für das FBI gearbeitet hatte, erschossen. Die Warren-Kommission, die zur Untersuchung der Morde eingesetzt wurde, kam zu dem Ergebnis, dass Oswald der einzige Attentäter war.

## Was die Verschwörungstheoretiker sagen

Praktisch sofort, nachdem Oswald ergriffen wurde, zeichneten die Behörden das Bild des typischen einsamen Verrückten: der perfekte Schuldige für einen schnell abzuhandelnden Fall, der die Öffentlichkeit zufriedenstellen und keine peinlichen Fragen nach sich ziehen würde. Wovor man sich besonders fürchtete, waren die unzähligen Hinweise darauf, dass Oswald tatsächlich für eine Behörde wie den KGB oder das FBI gearbeitet hatte.

Oswald soll seit seinem 15. Lebensjahr ein Kommunist gewesen sein; aber als junger Mann verpflichtete er sich für die Marine. Obwohl er offen als Kommunist auftrat, versetzte ihn die Marine nach Atsugi, Japan, wo sich die Operationsbasis für die hochgeheimen U-2-Spionageflugzeuge befand. Man ließ ihn Russisch lernen (was damals sehr ungewöhnlich war). 1959 wurde er aus dem Dienst entlassen und siedelte in die Sowjetunion über, anscheinend wegen seiner politischen Überzeugungen. In einem freigegebenen Memo der CIA heißt es jedoch, Oswald sei von der CIA rekrutiert worden, habe eine besondere Indoktrination erfahren und sei dann bewusst nach Russland geschickt worden. Dies erklärt auch, warum er überhaupt das Geld für seine Reise nach Russland hatte.

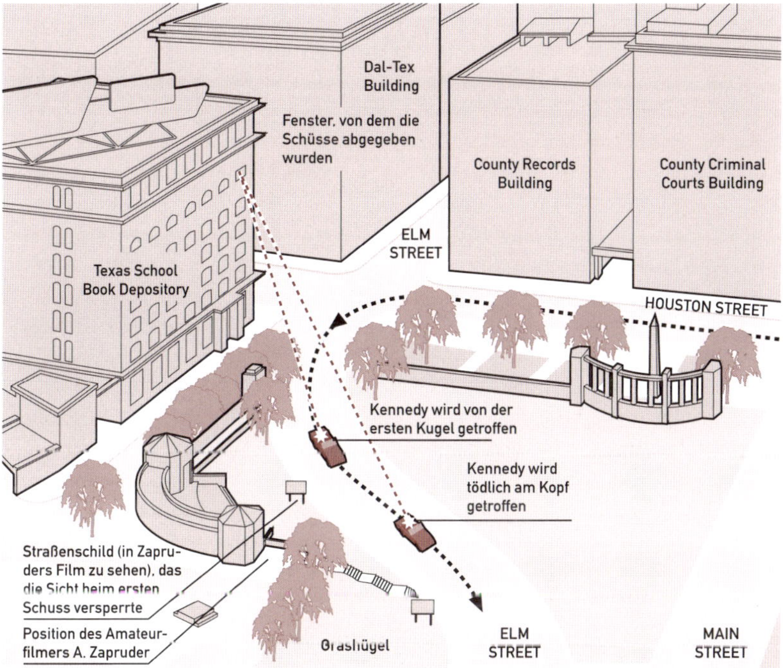


1962 durfte Oswald, inzwischen verheiratet, auf erstaunlich unbürokratische Weise wieder in die USA zurückkehren. Im April 1963 zog er nach New Orleans, wo er sich mit einem höchst gefährlichen Trio von rechtsradikalen Anti-Castro-Aktivisten einließ: Guy Bannister, ehemaliger FBI-Agent, Clay Shaw, vermutlich CIA-Agent, und David Ferrie, ein Amateurpilot mit engen Verbindungen zur Anti-Castro-Bewegung und zur CIA. Oswald und Ferrie waren in derselben Civil Air Guard, als Oswald erst 15 Jahre alt war. Oswald befreundete sich auch mit einer Gruppe von kubanischen Castro-Gegnern an, obwohl er doch augenscheinlich selbst ein Pro-Castro-Aktivist war. Bald darauf kam es zu einem „inszenierten" Straßenkampf.

Ungefähr im August 1963 soll Oswald die kubanische Botschaft in Mexico City besucht haben, auch wenn der Bericht des CIA-Agenten, der ihn dort observierte, offenkundig einen anderen Mann beschreibt. Ungefähr zur selben Zeit wurde Oswald auch in Dallas gesehen, und zwar in Begleitung eines Mannes, der später als der rechtsgerichtete CIA-Beamte David Atlee Phillips identifiziert wurde.

Als Oswalds Leichnam bestattet wurde, fehlten darauf laut Augenzeugenberichten wichtige Narben; mit anderen Worten, es war gar nicht Oswald! Einige Autoren spekulieren darüber, dass Oswald während seiner Zeit in Russland durch den KGB ausgetauscht worden war, nämlich durch einen ihm ähnlich aussehenden ausgebildeten Killer. Erfahrene Mitglieder der Warren-Kommission wiederum mutmaßten, Oswald sei ein FBI-Informant und die Behörde habe ein großes Interesse daran, den Fall schnell zu den Akten zu legen.

Legt schon dieser Berg von Indizien Oswalds Verbindungen zu verschiedenen Organisationen nahe, so lassen auch die harten forensischen Beweise den Schluss zu, dass Oswald nicht allein gehandelt haben kann. Etliche Sachverständige bestehen darauf, dass vier Schüsse abgegeben worden waren, doch nur drei Schüsse wurden berücksichtigt, wobei noch nicht einmal zweifelsfrei bewiesen wurde, dass sie alle aus derselben Richtung kamen. Der Präsident wurde von zwei Kugeln getroffen, eine in den Rücken und eine in den Kopf. Auch ein weiterer Fahrzeuginsasse, der texanische Gouverneur John B. Connally, wurde getroffen, ebenso wie der Zuschauer James T. Tague. Die Warren-Kommission kam zu dem Schluss, dass eine der Kugeln Tague getroffen hatte, eine andere Kennedys Kopf, während die dritte – bekannt als die „magische" Kugel – sowohl Connally als auch Kennedy getroffen hatte. Diese Kugel sei dann irgendwie verantwortlich für sieben Wunden an zwei Männern, auch wenn das weder mit dem Zeitablauf noch der Flugbahn, den Ein- und Austrittspunkten und der Deformation des Projektils übereinzustimmen schien. 1979 wurden zusätzliche forensische Ermittlungen angestrengt, um zu beweisen, dass eine einzige Kugel sowohl Kennedy als auch Connally verwundet hatte. Doch auf jeden Forensik-Experten, der diesen Theorien skeptisch gegenübersteht, scheint mindestens ein gegnerischer und ebenso sachverständiger Wissenschaftler zu kommen, der sie unterstützt.

Als Ergebnis kann man festhalten, dass es zwar nicht klar ist, mit wem Oswald zusammengearbeitet hat, dass es aber massenhafte Belege dafür gibt, dass er nicht allein handelte.

## Offizielle Version

Die meisten Vermutungen der Verschwörungstheoretiker über Oswald sind entweder unbewiesen oder schlichtweg falsch. Praktisch alle der genannten „Beweise" lassen sich anders erklären oder widerlegen. Oswald wurde zur U-2-Basis versetzt, doch das galt auch für Tausende anderer Soldaten; er hatte nichts mit den Aktivitäten der U-2 zu tun und wurde vor allem für unwichtige Aufgaben eingesetzt; Russisch lernte er nicht bei der Marine, sondern er brachte sich die Sprache selbst bei. Aus Aufzeichnungen geht hervor, dass er seinen Übertritt sorgfältig plante und einen Teil seines Gehalts zurücklegte, um die Reisekosten bezahlen zu können. Das CIA-Memo, das ihn als Agenten bezeichnen soll, ist vermutlich eine Fälschung. Die USA haben ihn nicht mit offenen Armen zurückgenommen; es benötigte ein ganzes Jahr und viel Bürokratie, bis er seine Staatsbürgerschaft zurückerhielt.

Oswalds Kontaktaufnahme mit Castro-Gegnern in New Orleans war ein ungeschickter Versuch, sich bei dieser Gruppe einzuschleichen. Zu dem Straßengefecht kam es, als seine pro-kubanische Haltung aufflog, und das Ereignis wurde nie als „inszeniert" beschrieben, wie fälschlich behauptet. Es gibt keinen Beweis dafür, dass er Bannister, Shaw oder Ferrie in New Orleans kannte, und auch keinen Beleg für seine Bekanntschaft mit Ferrie während ihres Dienstes in derselben Einheit der Civil Air Guard.

Nach Mexico City reiste er, um dort ein Visum für Kuba zu erhalten. Behauptungen, Oswald sei zu dieser Zeit auch woanders gesehen worden, gehen vermutlich im Trubel der Ereignisse seiner Verhaftung und seines Todes auf schlichte Falschmeldungen zurück. Von solchen Berichten gab es Dutzende. Die Verbindung zu Phillips ist erfolgreich widerlegt worden. Was das Attentat selbst angeht, so wissen wir, dass Oswald dazu imstande war, denn im April hatte er schon versucht, einen prominenten Anti-Kommunisten, den pensionierten General Edwin Walker zu ermorden (mit derselben Waffe, mit der später JFK erschossen wurde). Als Oswalds Leichnam exhumiert wurde, um die Theorie mit der Auswechslung durch den KGB zu prüfen, bestätigten Zahnbefunde seine Identität.

### Wie viel Angst sollten Sie haben? 44 %

Es scheint, als ob beinahe jedes verdächtige Detail zu Oswald erklärt werden kann und bei der Beschreibung eines Mannes hilft, der durchaus versucht haben könnte, den Präsidenten zu ermorden. Und doch sind die Fakten zu Oswald nur Teile in einem riesigen Mosaik von Beweisen dafür, dass JFK einer Verschwörung zum Opfer fiel und nicht von einem Einzelgänger ermordet wurde.

# Whitewater am Abzug

**Bill Clintons Anwalt Vince Forster hat sich nicht selbst das Leben genommen, sondern wurde ermordet, um einen Skandal des Präsidenten zu verschleiern.**

Am 20. Juli 1993 wurde der leblose Körper von Vince Foster, stellvertretender Berater des Weißen Hauses und der persönliche Freund und Anwalt von Bill und Hillary Clinton, zusammengesunken unter einem Baum im Fort Marcy Park, Virginia, entdeckt. Der Gerichtsmediziner kam zu dem Ergebnis, dass er sich selbst das Leben genommen hatte, indem er sich einen Revolver in den Mund gesteckt und abgedrückt hatte.

## Was die Verschwörungstheoretiker sagen

Viele Aspekte von Fosters Leben und Tod ergeben keinen Sinn. Zum Beispiel wurde sein Leichnam offiziell nach einem anonymen Notruf im Fort Marcy Park gefunden, aber der ursprüngliche Bericht des Geheimdienstes besagt, dass Foster in seinem Auto gefunden wurde, und ein Polizist in Arkansas wiederum behauptet, er habe vom Suizid durch einen Berater des Weißen Hauses gehört, und zwar mehrere Stunden, bevor das Weiße Haus offiziell vom Tod Fosters wusste. Am Morgen seines Todes hatte Foster, wie an jedem anderen Tag, in seinem Büro gearbeitet. Obwohl das Weiße Haus mit der weltbesten Zugangskontrolle und Videoüberwachung ausgestattet ist, existieren keine Aufnahmen davon, wie Foster am 20. Juli 1993 das Weiße Haus verließ. Die Obduktion scheint ein Pfusch gewesen zu sein; viele Zeugen behaupten, die Fotos des Leichnams zeigten keine Austrittswunden am Hinterkopf oder Eintrittswunden am Hals. Es gab nur wenig Blut am Tatort, es wurden keine Projektile sichergestellt, und Fosters Fingerabdrücke wurden auf der Waffe nicht festgestellt, was alles darauf hindeutet, dass der Körper nach seinem Tod zum Fundort verbracht worden war. Eine Expertenanalyse des Abschiedsbriefs, den man in Fosters Aktentasche gefunden hatte, kam zu dem Ergebnis, dass es sich um eine Fälschung handelte.

Was wirklich geschah? Verschwörungstheoretiker argumentieren, dass Foster ermordet wurde, weil er zu viel über zwei Skandale wusste, die Clintons Präsidentschaft bedrohten. Dies kam erst nach seinem Tod ans Tageslicht. Zum einen war da die Whitewater-Affäre, bei der die Clintons sich mit Betrugsvorwürfen im

Zusammenhang mit einer pleite gegangenen Immobilienfirma konfrontiert sahen, zum anderen der Skandal um die Health Management Associates (HMA), bei dem eine Firma, die von einem engen Freund, Unterstützer und Fundraiser der Clintons geführt wurde, verdorbene Blutkonserven nach Kanada verkauft haben soll. Als Freund und Anwalt der Clintons dürfte Foster zu viel über diese Skandale gewusst haben, oder er könnte Gewissensbisse bekommen haben. Das Rätsel wird noch größer mit der Enthüllung, dass Foster regelmäßig „Regierungsrabatt" auf seine Flugtickets in die Schweiz bekommen hatte, obwohl er noch gar nicht offiziell für irgendeine Regierung arbeitete (und diese Regelung in Anspruch hätte nehmen können). War Foster ein Agent der Regierung?

## Offizielle Version

Vince Foster war ein Idealist mit Prinzipien, dem es schwerfiel, mit den Intrigen und Grausamkeiten in Washington umzugehen. Seine hochgestellte Position im Weißen Haus bekam ihm nicht gut. Einige Tage, nachdem er in einer öffentlichen Rede die Werte persönlicher Integrität betont hatte, vertraute er seiner Familie und einigen Freunden an, dass er über die Kündigung seines Postens nachdenke. Er hatte sogar schon den Entwurf für ein Kündigungsschreiben fertig. Er war das Opfer persönlicher Angriffe in führenden Zeitungen, und seine Freundschaft mit Hillary hatte sich abgekühlt. Erst kürzlich hatte er seinen Hausarzt gebeten, ihm Antidepressiva zu verschreiben.

In seinem Abschiedsbrief ging Foster auf die Zeitungsangriffe ein und beklagte sich darüber, dass in Washington „das Fertigmachen von Menschen als Sport betrachtet wird". Der unabhängige Untersuchungsanwalt Robert Fiske kam zu dem Ergebnis, es handele sich um Suizid. Andere unabhängige Ermittlungen entlasteten die Clintons; mit anderen Worten, es gab nichts zu verschleiern. Die Verschwörungstheorien waren das Werk von Republikanern, die verzweifelt versuchten, Clinton zu diskreditieren.

## Wie viel Angst sollten Sie haben? 5 %

Auch wenn ein paar Fragen offenbleiben, hat sich Foster wahrscheinlich wirklich selbst das Leben genommen. Er wurde ein Opfer des Lebens in Washington. Vielleicht sind die republikanischen Verschwörungstheorien gegenüber Foster schlichtweg geschmacklos. Zumindest werden die Demokraten Ihnen genau das erzählen …

# RFK und der gehirngewaschene Attentäter

**Die CIA unterzog Sirhan Sirhan einer Gehirnwäsche und programmierte ihn, Robert F. Kennedy zu töten, doch der tatsächliche Attentäter war ein CIA-Agent.**

Am 5. Juni 1968 wurde Robert F. Kennedy (RFK) im Ambassador Hotel in Los Angeles von dem Amokschützen Sirhan Sirhan angesprochen, der sofort eine Pistole auf ihn richtete und abdrückte. RFK starb und Sirhan wurde angeklagt und zum Tode verurteilt. Kurz vor Vollstreckung des Urteils wurde sein Leben durch eine Gesetzesänderung in Kalifornien gerettet.

## Was die Verschwörungstheoretiker sagen

Zum Zeitpunkt seines Todes war RFK dabei, seine Kandidatur als Demokrat für die Präsidentschaftswahl sicherzustellen, und er hätte die Wahl zweifellos gewonnen. Dieselben Kräfte, die sich im Komplott zur Ermordung seines Bruders zusammengefunden hatten, hatten jetzt noch mehr zu befürchten. Kennedy musste sterben. Seine Ermordung ist eines der augenfälligsten Beispiele für Verschwörung und Verschleierung in der US-amerikanischen Geschichte.

Sirhan Sirhan wurde von CIA-Kräften einer Gehirnwäsche und hypnotischen Programmierung unterzogen, die Techniken anwandten, wie sie im Rahmen des MK-ULTRA-Programms (siehe S. 135) entwickelt worden waren. Sein Auftrag bestand darin, als Lockvogel aufzutreten, um die Aufmerksamkeit vom tatsächlichen Schützen abzulenken. Dies ist umso klarer, weil ballistische Untersuchungen bestätigen, dass alle von Sirhan abgegebenen Schüsse Kennedy verfehlten und stattdessen die Wände, die Decke und umstehende Personen trafen. Sirhan kann sich an nichts mehr erinnern, was das Ereignis angeht, und Zeugen berichten, er sei wie in Trance gewesen. Er stellte sich außerdem als sehr zugänglich für Hypnose heraus. Ein Hypnose-Experte, der für das MK-ULTRA-Programm arbeitete, hat sich angeblich damit gebrüstet, dass er mit Sirhan gearbeitet hatte.

Etliche weitere Einschusslöcher, die Sirhans Waffe zugeordnet werden können, fanden sich in den Wänden und in der Decke, während die Obduktion ganz klar zeigte, dass RFK von hinten und aus kurzer Entfernung erschossen wurde. Alle Augenzeugen berichten übereinstimmend, dass Sirhan mindestens einen Meter vor RFK stand. Am

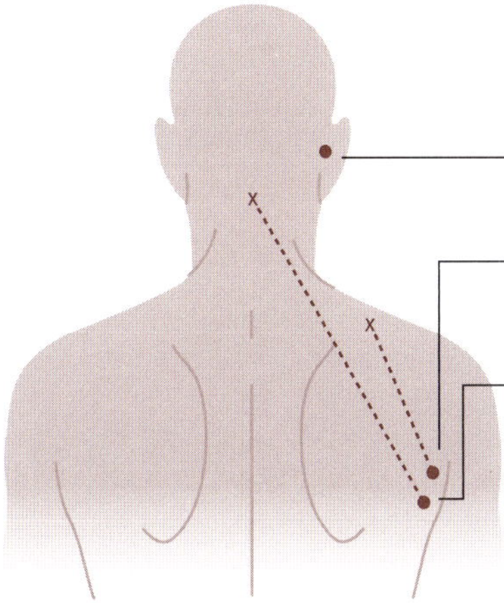

Das tödliche Projektil trat durch das Schläfenbein ein, ca. 3 cm hinter dem rechten Ohr, und beschädigte auf seinem Weg nach oben die Ausläufer der oberen Hirnschlagader. Der größte Teil der Kugel blieb im Hirnstamm stecken.

Ein anderes Projektil durchschlug die rechte Achselhöhle und trat durch die obere Region des Brustkorbs in einem 59-Grad-Winkel wieder aus.

Eine dritte Kugel trat etwa 5 cm unterhalb der zweiten ein und blieb unweit des sechsten Halswirbels im Nacken stecken. Das Projektil war noch völlig intakt.

Kennedys Kleidung deutete darauf hin, dass eine vierte Kugel auf den Senator abgefeuert worden war. Sie durchschlug den Stoff der Kleidung, ohne seinen Körper zu treffen.

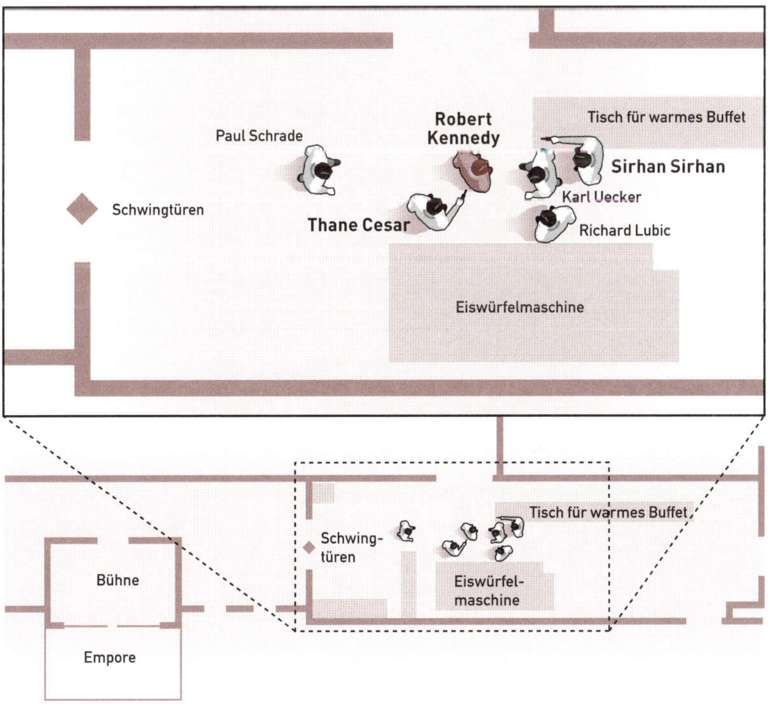

Wahrscheinlichsten ist, dass Thane Cesar der Killer war, ein Sicherheitsbeamter, dem Verbindungen zur CIA nachgesagt werden. Er wurde beobachtet, wie er eine Waffe zog und schoss, und er befand sich genau an der Stelle, die zu den Befunden passte.

Das Los Angeles Police Department (LAPD) begann eine mehr schlecht als recht getarnte Verschleierung der Sachverhalte, wobei Zeugen eingeschüchtert, Spuren nicht verfolgt und Beweismaterial vernichtet wurde, einschließlich der Verbrennung aller Fotos vom Tatort. Doch selbst der eigene Ballistik-Experte des LAPD hatte ursprünglich von Unstimmigkeiten bei den Spuren berichtet, die Sirhan als den Schützen ausmachen wollten. Mehrere Zeugen hatten eine junge Frau in einem gepunkteten Kleid vom Tatort weglaufen sehen, laut rufend „Wir haben ihn erschossen, wir haben ihn erschossen!" Dieselbe Person war davor gesehen worden, wie sie mit Sirhan gesprochen hatte. Polizisten schüchterten die Zeugen so stark ein, dass sie schließlich ihre Aussagen anpassten. Die verantwortlichen Polizisten beim LAPD hatten vermutlich Verbindungen zur CIA.

## Offizielle Version

Eine gründliche Untersuchung kam zu dem Ergebnis, dass Sirhan der alleinige Mörder war, ein Palästinenser, der sich für Kennedys Unterstützung für Israel rächen wollte. Es kann durchaus sein, dass Sirhan in Trance war, doch wie die ihn untersuchenden Psychiater feststellten, war das eine selbst herbeigeführte Trance. Die Behauptungen, es gebe zusätzliche Einschusslöcher, werden durch die Beweislage am Tatort nicht gedeckt, und die Verwirrung über die ballistischen Tests können durch Schreibfehler erklärt werden. Cesar zog seine Pistole erst, als Sirhan schon geschossen hatte, und er selbst feuerte überhaupt keine Schüsse ab. Er wurde später einem (negativen) Test mit einem Lügendetektor unterzogen, was seine Rolle bei der Schießerei angeht. Es gibt keine Beweise für seine angeblichen Verbindungen zur CIA.

## Wie viel Angst sollten Sie haben? 29 %

Auch wenn man die Untersuchung der Ermordung von RFK durch das LAPD für unverfälscht ansieht, war dies ganz sicher die schlechteste Ermittlungsarbeit aller Zeiten. Aber war es auch eine Verschleierungsaktion? Die Durchführung des Attentats passt zu Taktiken der CIA: ein Schütze lenkt die Aufmerksamkeit auf sich und ein anderer erledigt den Job. In diesem Fall war der Lockvogel vielleicht auch der Sündenbock. Wenn das kalifornische Recht nicht in letzter Sekunde geändert worden wäre, wäre man Sirhan bequem losgeworden, genau wie Lee Harvey Oswald. Bis heute ist Sirhan zwölf Mal der Antrag auf Bewährung verweigert worden. Auf der anderen Seite zweifeln die meisten Psychologen daran, dass man jemanden für einen Mord „programmieren" könne und dass diese Person dann alle Details dazu vergessen würde.

# P2 und der Tod des Papstes

**Der Tod von Papst Johannes Paul I. im Jahr 1978 war mehr als nur ein tragisches Unglück. Er wurde von einem Bündnis von Mafiosi, kriminellen Kirchenmännern und der P2 ermordet.**

Albino Luciani wurde am 26. August 1978 zum Papst gewählt und nahm danach den Namen Johannes Paul I. an. Nur 33 Tage später war er tot, nach offizieller Version an einem Herzinfarkt gestorben.

## Was die Verschwörungstheoretiker sagen

Johannes Paul I. wurde ermordet, um zu verhindern, dass er dunkle Machenschaften in der Vatikanbank und den üblen Einfluss der Geheimgesellschaft P2 innerhalb der Kirche öffentlich machen würde. P2 (von italienisch „Propaganda Due") war eine 1887 entstandene Freimaurerloge, die in den 1960er-Jahren vom italienischen Faschisten Licio Gelli neu gegründet worden war. Nach italienischem Recht musste die Mitgliedschaft von Freimaurern offiziell registriert werden und Angehörigen der Kurie in Rom war es untersagt, der Loge beizutreten. Gelli hatte die P2 als Geheimloge aufgebaut, und er allein hatte den Überblick über alle Mitglieder. Er rekrutierte Mitglieder aus den mächtigen und einflussreichen Kreisen der katholischen Gesellschaft, einschließlich der Mafia, der Kurie, den Geheimdiensten, der Regierung sowie der Geschäfts- und Finanzwelt. Über P2 wurden Verbindungen zu Kriminellen, Diktatoren und Financiers in Italien, Spanien und Lateinamerika hergestellt; vor allem diente die Loge auch der Vatikanbank bei der Geldwäsche im ganz großen Stil.

Sobald Johannes Paul I. sein Amt antrat, war ihm klar, dass bei der Vatikanbank vieles im Argen lag, und eine Namensliste, die ihm von einem später ermordeten Journalisten zugespielt wurde, bewies, dass viele Angehörige der höchsten Kirchenränge auch Mitglied bei P2 waren. Bevor der Papst das öffentlich anprangern konnte, wurde er vergiftet. Als Todesursache wurde Herzinfarkt angegeben, und der Leichnam wurde in aller Eile einbalsamiert, einschließlich der Entnahme der Organe, bevor eine Obduktion durchgeführt werden konnte. Die Papiere, die er in der Nacht seines Todes gelesen hatte, waren unauffindbar. Sein Nachfolger, Papst Johannes Paul II., war als strenger Anti-Kommunist mehr als bereit, die rechtsgerichtete Allianz zu schützen, die für den Tod seines Vorgängers verantwortlich war.

## Offizielle Version

Der Tod von Johannes Paul I. war ein tragisches, doch völlig unverdächtiges Unglück. Den Papst als einen brillanten Spürhund darzustellen, der die Unterwelt der Finanzen und der Politik des Vatikans moralisch durchforstet, geht an den Tatsachen vorbei. Wenn man ehrlich ist, muss man erkennen, dass Johannes Paul I. den Anforderungen seines Amtes nicht gewachsen war; immer wieder beklagte er sich bei jedem, der es hören wollte, dass seine Ernennung zum Papst ein Fehler war, und sein Verständnis des komplexen Wirtschaftsgeschehens im Vatikan kann man nur als kläglich bezeichnen. Der Papst hatte außerdem eine sehr schlechte Gesundheit, während die Gesundheitsversorgung im Vatikan, wie jedermann wusste, in einem desolaten Zustand war. Johannes Paul I. litt an ernsthaften Herzproblemen, und am Abend seines Todes zeigte er alle Symptome eines bevorstehenden Herzinfarkts, doch er verweigerte medizinische Hilfe. Dass er so eilig einbalsamiert wurde, dürfte am heißen Wetter gelegen haben. Beim Tod des vorherigen Papstes war es zu einem sehr peinlichen Zwischenfall gekommen, als man den Körper zu lange liegen ließ – die Verwesung war schon so fortgeschritten, dass die Nase abfiel! Offizielle Kreise des Vatikans wollten eine Wiederholung dieses Geschehens unter allen Umständen vermeiden. Die vermeintlich entwendeten Dokumente tauchten im Besitz der Familie von Johannes Paul I. auf und stellten sich als völlig harmlos heraus. Die Unterstellung, dass ein Papst heutzutage in die Verschleierung eines Mordes verwickelt sein könnte, ist schlichtweg eine Beleidigung.

## Wie viel Angst sollten Sie haben? 12 %

Die Belege für den schlechten Gesundheitszustand von Papst Johannes Paul I. sind unbestreitbar, sodass man nicht nach einem Komplott zu suchen braucht, um seinen plötzlichen Tod nach nur kurzer Amtszeit zu erklären. Dennoch besteht auch kaum Zweifel daran, dass sein Tod bestimmten Kreisen innerhalb der Kirche sehr gelegen kam. Als direkte Folge wurden viele der Personen, die in den Skandal um P2 und die Vatikanbank verstrickt waren, durch den neuen Papst geschützt und konnten so einer Untersuchung und Kritik entgehen. Johannes Paul I. war zudem dabei, radikale Veränderungen in den Strukturen der Kirche vorzubereiten und einen umstrittenen milderen Kurs bei der offiziellen Kirchenhaltung zur Geburtenkontrolle einzuschlagen. Mit seinem Tod bekamen konservative Teile innerhalb der Kirche für Jahrzehnte Oberwasser.

# Elvis lebt!

**Elvis hat seinen eigenen Tod inszeniert, um dem Druck des öffentlichen Rummels um ihn, der Schmach seines Niedergangs und sogar dem ungewollten Interesse der Mafia zu entkommen.**

Elvis Aron Presley starb am 16. August 1977 und wurde schon am nächsten Tag in einem Begräbnis mit offenem Sarg bestattet.

## Was die Verschwörungstheoretiker sagen

Es gibt eine Reihe von merkwürdigen Ungereimtheiten beim Tod und beim Begräbnis von Elvis. Die tatsächliche Todesursache wurde niemals wirklich bestätigt, und nur ganz allgemein wird von einem tödlichen Drogencocktail gesprochen. Tatsächlich war Elvis aber ein Experte in der Selbstmedikation; er wusste genau, was er nahm, und es ist sehr unwahrscheinlich, dass er sich aus Versehen zu viel verabreichte.

Der Sarg für seine Beerdigung war groß, schwer und ganz offensichtlich für diese Gelegenheit angefertigt, obwohl das Begräbnis praktisch direkt nach seinem Tod stattfand. Warum diese Eile? Um Menschen, die ihn erkannt haben könnten, vom Besuch der Beerdigung abzuhalten? Zeugen berichten, dass die Luft um den Sarg herum unnatürlich kalt war. War der Sarg so schwer, weil er eine Klimaanlage enthielt, um Elvis' Double aus Wachs kühl zu halten? Diese Theorie könnte erklären, warum der Leichnam auf Fotos ziemlich anders aussah als der echte Elvis, mit einer Nase wie ein Mops und mit weichen Händen (die Hände des „Kings" waren schwielig vom Karate). Wenn der Künstler tatsächlich seinen Tod nur vorgetäuscht hat, würde diese bizarre Wendung verständlich machen, warum seine Familie nichts dagegen unternahm, dass der Name auf seinem Grabstein falsch geschrieben war (sein zweiter Vorname „Aron" wird mit einem anstatt mit zwei „A" geschrieben), ein Versehen, das sein Vater normalerweise niemals akzeptiert hätte. Die Todesurkunde gibt sein Gewicht fälschlicherweise mit 77 Kilogramm an, was 36 Kilogramm leichter ist als sein zuletzt bekanntes Gewicht. Es handelt sich dabei allerdings nicht um die Originalurkunde, denn dieses Dokument datiert zwei Monate nach seinem Tod. Interessanterweise wurde seine Lebensversicherung nie ausgezahlt.

Aber warum wollte Elvis seinen eigenen Tod vortäuschen? Es ist wohlbekannt, dass er des ständigen öffentlichen Drucks müde war, und er fühlte sich als Gefangener seines eigenen Prominentenstatus, der ihn kein normales Leben führen ließ. Es wurde zudem vermutet, dass er in Folge eines fehlgeschlagenen Geschäftsdeals von einer Mafia-Gruppe namens The Fraternity bedroht wurde und in einem Zeugenschutzprogramm war, um der Regierung bei deren Überführung zu helfen.

## Offizielle Version

Während der letzten Wochen seines Lebens kam es bei Elvis zu wiederholten Ess- und Drogenexzessen. Es war unvermeidlich, dass dies Konsequenzen haben musste. Seine Familie und seine engsten Freunde bestätigten, dass er tatsächlich gestorben war, und viele Menschen, die Elvis gut kannten, konnten bezeugen, dass sich der echte Körper im Sarg befand.

## Wie viel Angst sollten Sie haben? 1 %

Es ist sehr einfach, die Verschwörungstheorien um Elvis' Tod als Unsinn der Boulevardpresse oder als Geschwätz von Verrückten abzutun, aber wir wissen, dass der „King“ mindestens ein Mal versucht hat, seinen Tod vorzutäuschen, und zwar in einer grotesken Aufführung mit einem falschen Attentäter und künstlichem Blut. Ganz sicher hatte er Grund genug, so eine Aktion zu wiederholen. Wer von uns kann schon ausschließen, dass er noch am Leben war und womöglich noch lange seine finale Comeback-Tour vorbereitete?

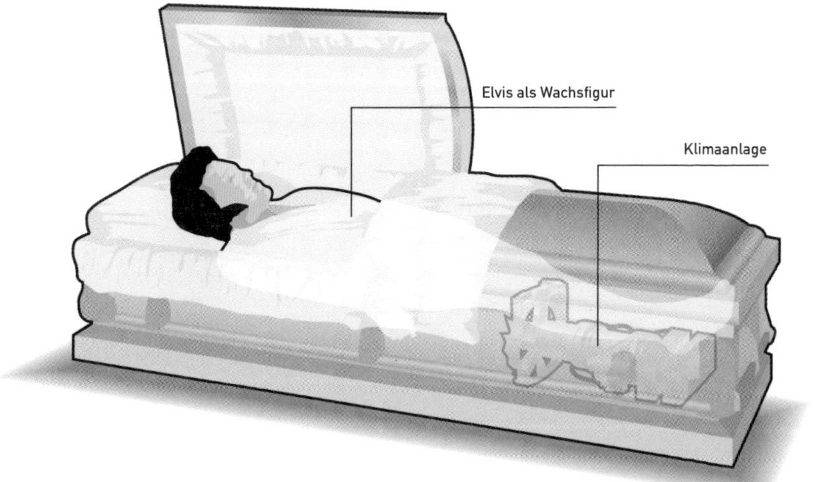

# Ab zu den Fischen?

**Der australische Ministerpräsident Harold Holt verschwand 1967 auf mysteriöse Weise von einem Strand. Ist er ertrunken oder handelt es sich um Suizid oder ein Komplott von CIA oder chinesischem Geheimdienst?**

Am 17. Dezember 1967 verbrachte der australische Ministerpräsident Harold Holt seine Ferien mit Freunden am Cheviot Beach bei Point Nepean, Victoria. Anscheinend um seine Freunde zu beeindrucken, stürzte sich der 59-Jährige in die Brandung und wurde nie wieder gesehen. Sein Körper und seine Kleidung blieben spurlos verschwunden, und am 19. Dezember wurde er für tot erklärt.

## Was die Verschwörungstheoretiker sagen

Holts vermuteter Tod durch Ertrinken ist mehr als suspekt. Er war ein guter Schwimmer, bekannt für seine Liebe zum Tauchen, Speerfischen und für Wassersport im Allgemeinen. Nach seinem Verschwinden bestand die australische Regierung darauf, dass nur eine einzige Person, ein Regierungsbeamter, mit Holt am Strand war, doch später sickerte durch, dass er in Begleitung einer vermutlichen Geliebten und einiger anderer junger Frauen war. Wenn die Regierung dies verschleiern wollte, gab es noch andere Dinge, die sie verschwieg?

Es gibt vier Haupttheorien zum Tod von Holt. Erstens wird behauptet, Holt habe sich selbst das Leben genommen, weil er durch den kürzlichen Tod seines Bruders und die wachsende Kritik an seinem Führungsstil mit Depressionen kämpfte.

Eine andere Theorie, die sich auf „gut unterrichtete Kreise bei den Geheimdiensten" stützt, besagt, dass er seinen Tod nur vorgetäuscht habe und in Wirklichkeit zur nächsten Bucht geschwommen war, wo er seine Geliebte traf, um sich mit ihr nach Südfrankreich abzusetzen, wo er den Rest seines Lebens verbrachte.

Drittens wurde vermutet, dass er von der CIA ermordet worden war. Holt unterstützte das US-amerikanische Engagement in Vietnam, doch man nimmt an, dass er wegen wachsender öffentlicher Kritik an dieser Haltung schon Vorbereitungen getroffen hatte, australische Truppen aus Südostasien abzuziehen. Er wurde von der CIA aus dem Verkehr gezogen, um den Weg freizumachen für jemanden mit fügsameren Ansichten. Und sein Nachfolger, John Gorton, verstärkte tatsächlich das australische Engagement in Vietnam.

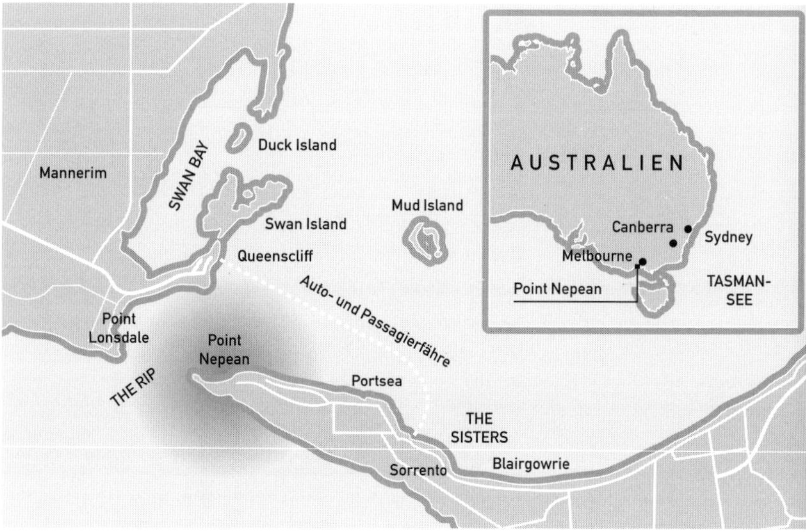


**Oben:** Der australische Ministerpräsident Harold Holt verschwand am 17. Dezember 1967 in der Brandung am Strand vor Point Nepean, Victoria. Hatte er sich das Leben genommen? Schwamm er einfach in die nächste Bucht, um seinen eigenen Tod vorzutäuschen? Oder hat die CIA ihn ermordet?

Viertens verweisen einige Theoretiker auf die Behauptung des britischen Journalisten Antony Grey, dass Holt schon lange ein chinesischer Spion gewesen war; am besagten Tag schwamm er hinaus zu einem wartenden chinesischen U-Boot und wurde dort „aufgesammelt", da sein Auftrag erfüllt war.

## Offizielle Version

Holt war zeitlebens ein guter Schwimmer, doch zum Zeitpunkt seines Todes war er 59 Jahre alt und litt noch immer an den Folgen einer Schulterverletzung, die er sich kurz zuvor zugezogen hatte. Der für die Ermittlungen zum Verschwinden Holts verantwortliche Polizeibeamte sagte, der Ministerpräsident habe anscheinend „geglaubt, dass er niemals ertrinken könnte ... Er bekam Probleme [im Wasser] und konnte sich nicht mehr retten." Ein gemeinsamer Bericht der Commonwealth und Victoria Police vom Januar 1968 kam zum Ergebnis, „dass es keine Anhaltspunkte dafür gab, dass das Verschwinden von Herrn Holt etwas anderes als ein Unglück war." Laut diesem Bericht folgten seine letzten Handlungen der gewohnten Routine und sein Verhalten sei normal gewesen; obwohl er den Strand gut kannte, seien ihm die turbulenten Bedingungen (starke Winde, raue See und heftige Strömung) zum Verhängnis geworden. Mehrere Erklärungen wurden für das Verschwinden des Leichnams vorgebracht, darunter Angriffe durch Haie, Abtreiben durch die Strömung und sein Verklemmen in einer Felsspalte. Die Strände Australiens sind für solche Bedingungen berüchtigt.

Die australische Regierung hielt, trotz der verschiedenen Theorien, eine formale Untersuchung für unnötig und übernahm den Befund und die Schlussfolgerungen des Polizeiberichts. Behauptungen zur Rolle von CIA oder China sind glatter Unsinn. Holt unterstützte das Engagement in Vietnam, doch 1967 verfügte die chinesische Marine nicht über ein U-Boot, das nach Australien und zurück hätte fahren können. Und was den vermeintlichen Suizid angeht, gibt es keinerlei Anhaltspunkte dafür, dass Holt depressiv war.

**Wie viel Angst sollten Sie haben? 1%**

Wenn eine hochstehende Persönlichkeit verschwindet und von der Leiche gibt es keine Spur, ist öffentliche Spekulation unvermeidlich. Doch es gibt nicht den geringsten Beweis dafür, dass Holts Tod etwas anderes war als ein tragischer Unfall.

# Fürstin Gracia Patricia von Monaco und die Sonnentempler

**Der Tod von Fürstin Gracia Patricia bei einem Autounfall im Jahr 1982 hatte mit ihrer Mitgliedschaft in einem finsteren Kult zu tun, dem mehr als 100 Menschen zum Opfer fielen.**

Am 13. September 1982 war Fürstin Gracia Patricia von Monaco (der vormalige Filmstar Grace Kelly) in einen Autounfall verwickelt und starb am folgenden Tag. Die offizielle Erklärung war, dass sie während des Fahrens einen Schlaganfall erlitten hatte.

## Was die Verschwörungstheoretiker sagen

Der Tod von Fürstin Gracia Patricia war kein Unfall, sondern hatte in irgendeiner Weise mit ihrer Verbindung zu einem finsteren Kult zu tun, dem Ordre du Temple Solaire (OTS). Die Sonnentempler, wie sie meist genannt werden, sind eine frankophone Geheimgesellschaft, die eine Abstammung von den Tempelrittern behauptet. Die Gründer, die Hochstapler Joseph di Mambro und Luc Jouret, verwendeten Hypnose, Bühnenzauberei, Illusion und Gehirnwäsche, um die initiierten Mitglieder des Ordens – die aus den betuchten Eliten Frankreichs, Monacos, Quebecs und der Schweiz kamen – zu betrügen, zu vergewaltigen und letztendlich zu ermorden.

1994 begangen Mitglieder des Ordens in Quebec und der Schweiz kollektiven Selbstmord – im Glauben sie würden als gereinigte Wesen zum Stern Sirius aufsteigen. Etliche Menschen, darunter Kinder, die ganz offensichtlich unsere Welt nicht verlassen wollten, wurden ermordet.

1982 reiste di Mambro nach Südfrankreich, um vermögende Mitglieder zu rekrutieren, und er fand einige in der Schickeria der Côte d'Azur. Einer davon war Jean-Louis Marsan, persönlicher Freund von Fürst Rainier, und Marsan war es dann auch, der Fürstin Gracia Patricia mit dem Orden bekanntmachte.

Grace war frustriert und vom Leben in Monaco gelangweilt. Sie sehnte sich nach Aufregung und Sinnlichkeit. Die Sonnentempler konnten ihr das bieten, mit exotischen Ritualen, die Hologramme und Bühnenmagie verwendeten, um die Teilnehmerinnen und Teilnehmer davon zu überzeugen, dass sie der Materialisation des Heiligen Grals und der Bundeslade beiwohnten und dass di Mambro und Jouret über okkulte Kräfte verfügten. Grace wurde initiiert, indem sie während einer magischen Zeremonie Sex mit Jouret hatte, und anschließend gab sie dem Orden Millionen von US-Dollar. Als sie vom Orden zunehmend enttäuscht war und damit drohte, ihre Spenden zurückzufordern, inszenierten di Mambro und Jouret einen Autounfall und ermordeten sie. Es ist auch möglich, dass sie sich in einer grotesken Loyalität zum Orden selbst das Leben nahm – vielleicht hatte man sie überzeugt, dass sie zu einer höheren spirituellen Ebene aufsteigen würde.

## Offizielle Version

Es gibt keine Anhaltspunkte dafür, dass Fürstin Gracia Patricia mit di Mambro, Jouret oder überhaupt den Sonnentemplern in Verbindung stand. Die wichtigste Quelle für diese reißerische Geschichte ist ein Mann namens Guy Mouyrin, ein verurteilter Betrüger, dessen Behauptung, er sei zu der Zeit der Fahrer von di Mambro gewesen, vollkommen haltlos ist. Der Orden des Sonnentempels ist erst 1984 gegründet worden, auch wenn di Mambro und Jouret schon 1982 in einer Vorgängerorganisation der Sonnentempler tätig waren.

## Wie viel Angst sollten Sie haben? 2 %

Diese Geschichte scheint wenig mit der Wahrheit zu tun zu haben, dafür umso mehr mit schlechtem Journalismus und den sensationshungrigen Lügen eines Hochstaplers. Die Sonnentempler waren indes sehr real, und die Polizei in Quebec, Frankreich und der Schweiz beobachteten die Aktivitäten der überlebenden Mitglieder noch lange Zeit sehr genau, da sie durchaus weitere kollektive Selbsttötungen hätten versuchen können.

Teil 4:

# Science-Fiction-Verschwörungen

# Die Nazi-UFOs

**Hochmoderne Technologie für fliegende Untertassen, heimlich von Nazi-Wissenschaftlern entwickelt, wurde von den USA gestohlen, um eine UFO-Flotte aufzubauen.**

In der letzten Phase des Zweiten Weltkriegs setzte ein zunehmend verblendeter Adolf Hitler auf die intensive Entwicklung einer technisch hochmodernen „Vergeltungswaffe", von der er sich eine Wende im Krieg versprach. Trotz einiger Erfolge bei der Entwicklung der V1- und V2-Raketen sowie ersten Düsenjägern sind sich die Historiker einig, dass die Programme Ressourcen verschlangen, die anderswo effektiver hätten eingesetzt werden können; auch hatten diese Programme keinen wirklichen Einfluss auf den Kriegsausgang.

Alliierte und sowjetische Kräfte versuchten sich der technologischen „Beute" der Nazis zu bemächtigen – vor allem die USA mit ihrer „Operation Paperclip", in der Werner von Braun, sein Team von Raketenexperten und ein Großteil der technischen Ausstattung nach Amerika verfrachtet wurden, um dort die Grundlage für das US-amerikanische Raketen- und Raumfahrtprogramm zu legen.

## Was die Verschwörungstheoretiker sagen

Eine ganze Reihe von NS-Wissenschaftlern arbeitete an der Technologie für Flugscheiben, allen voran der österreichische Pionier der Energietechnologie Viktor Schauberger. Schauberger war persönlich von Hitler für die SS rekrutiert und ins Konzentrationslager Mauthausen geschickt worden, um dort Arbeitssklaven für seine Forschung und den Bau eines Prototyps einer Flugscheibe einzusetzen. (Nach einer anderen Version dieser Theorie hatte Schauberger als Pazifist die Mitarbeit verweigert, war jedoch unter Todesandrohung zur Zusammenarbeit gezwungen worden.) Er konnte direkt einen Erfolg mit einer Maschine verbuchen, die so viel Kraft hatte, dass sie sich aus der Verankerung losriss und durch das Dach des Hangars schoss. Weitere Forschungen von Schauberger und anderen führte zur Entwicklung einer Reihe von scheibenförmigen Fluggeräten. Bei einem Test im Februar 1945 erreichte eine fliegende Scheibe die Höhe von 15 000 Meter und eine Geschwindigkeit von 2200 km/h. Nur die erfolgreiche Invasion der Alliierten führte zur Beendigung des Programms.

Nach dem Krieg wurde Schauberger zur weiteren Tätigkeit nach Texas gebracht. Dort diente die von ihm und anderen gestohlene Technologie als Grundlage zum Bau einer US-Flotte von fliegenden Untertassen. Die Welle von UFO-Sichtungen, die 1947 begann, ist eine Folge davon. Um das hochgeheime Programm zu tarnen, halfen die Behörden gern bei der Verbreitung von skurrilen Vermutungen, nach denen es sich bei den UFOs um Raumschiffe von Aliens handeln solle. Schauberger wurde später erschlagen, vermutlich von organisierten Kriminellen, die hinter seinen Geheimnissen her waren.

### Offizielle Version

Die Geschichten von Nazi-UFOs sind frei erfunden. Es gibt keinen einzigen echten physischen oder fotografischen Beweis für die Behauptungen von Autoren zum Thema, die oft üble Ziele verfolgen wie zum Beispiel das Verbreiten von NS-Propaganda oder das Leugnen des Holocausts. Schauberger war ein Erfinder und Naturforscher für Wasserenergie, der vergeblich an der Entwicklung von Turbinentechnologien arbeitete. Einige seiner Entwürfe erinnerten entfernt an Scheiben, und Fotos davon wurden mit Abzeichen der Luftwaffe nachbearbeitet, um so als fliegende Untertassen durchzugehen. Es gibt keinen Beweis dafür, dass Schauberger Hitler jemals getroffen hat, dass er von der SS rekrutiert wurde, in Mauthausen war oder auch nur irgendetwas mit Flugzeugtechnologie zu tun hatte. Nach dem Krieg besuchte er die USA, doch er kehrte bald darauf in seine österreichische Heimat zurück, wo er friedlich starb.

### Wie viel Angst sollten Sie haben? 0 %

Die Mythen zu den UFOs der Nazis sind ein gutes Beispiel für die Art und Weise, wie völlig haltlose Behauptungen im Feld der Verschwörungstheorien zum Allgemeingut werden können. Es gibt viele Bücher über die UFOs der Nazis, doch jedes neue Buch wiederholt im Grunde nur die Erfindungen der Vorgängerbücher und gibt der Geschichte noch ein bisschen mehr Glanz. Das Märchen von Schauberger lässt sich zum Beispiel bis zu einem Autor namens Ernst Zündel zurückverfolgen, der später zugab, seine reißerischen Bücher seien ein Mittel gewesen, um eine revisionistische Sicht der Geschichte zum Holocaust und antisemitische Propaganda zu verbreiten: „Das Geld, das ich mit den UFO-Büchern verdiente, investierte ich in Publikationen wie *Die Auschwitz-Lüge.*“ Mit anderen Worten, Lügen über die UFOs der Nazis zu verbreiten ist nicht einfach ein harmloser Spaß.

# Studiotermin zur Mondlandung

**Die NASA inszenierte die erste Mondlandung in einem Propaganda-Coup und produzierte die weltberühmten Fotos und Filmaufnahmen in einem Studio in Nevada.**

Am 21. Juli 1969 setzte Neil Armstrong seinen Fuß auf die Mondoberfläche, und ein Millionenpublikum auf der ganzen Welt verfolgte die Sensation vor dem Fernseher. Im Laufe der nächsten drei Jahre gab es fünf weitere erfolgreiche Mondlandungen, und die NASA veröffentlichte Hunderte von Fotos, die die Astronauten gemacht hatten. Nicht viel später gab es die ersten Vermutungen, dass das Ganze nur ein professioneller Schwindel war, und noch heute glauben Umfragen zufolge etwa zehn Prozent der US-amerikanischen Bevölkerung an eine solche Theorie. Kubanische Kinder lernen darüber sogar in der Schule. 2002 beauftragte die NASA den renommierten Raumfahrt-Autor James Oberg damit, eine definitive Widerlegung der Gerüchte zu schreiben, doch zog sie diesen Auftrag wenige Monate später wieder zurück.

## Was die Verschwörungstheoretiker sagen

Die USA versuchten verzweifelt, weltweit ihre technische Überlegenheit zu beweisen, während sich die NASA ängstlich um die Weiterführung der Regierungssubventionen bemühte. Der ehrgeizige Plan einer Mondlandung erwies sich jedoch als ein unmöglicher Auftrag, nicht zuletzt wegen der hohen Strahlung im Weltall, die für die Astronauten tödliche Folgen gehabt hätte. Man entschied, die Landung in einem Studio vorzutäuschen; die Rakete selbst trat kurz nach dem Start wieder in die Erdatmosphäre ein und wurde im Ozean versenkt. Die Beweise hierfür sind überwältigend, vor allem aufgrund von Hinweisen aus dem Kreis der Studiotechniker, die dafür sorgten, dass sich in den Fotos kleine Fehler einschlichen, um die Fälschung beweisen zu können.

Der größte Patzer bei den sogenannten „Fotos der Mondoberfläche“ ist die Belichtung. Es dürfte auf der Mondoberfläche eigentlich nur eine Lichtquelle geben, die Sonne, was zu starken Kontrasten zwischen Licht und Schatten führen sollte. Doch die Fotografien zeigen ganz deutlich, wie Elemente, die im Schatten sein müssten, künstlich aufgehellt wurden, und man sieht Reflektionen von einer ganzen Reihe

Wo sind die Tausende von Sternen, die eine atemberaubende Kulisse gebildet hätten, sobald man die Atmosphäre der Erde verlässt? Die Astronauten erwähnten sie nicht.
Ist diese Reflektion in Buzz Aldrins Helm ein Fernsehteam?
Man beachte die Abstufungen von Licht und Schatten auf Aldrins Raumanzug. Wenn die Sonne die einzige Lichtquelle auf dem Mond wäre, hätte dieser Schatten viel stärker sein müssen.
Die Mondoberfläche scheint sich in der Ferne zu verlieren, bevor sie auf den Horizont trifft. Unter atmosphärefreien Bedingungen würde der Boden nicht an Deutlichkeit verlieren, sondern man konnte ihn in aller Schärfe bis zum Horizont sehen.

von Lichtquellen. Hinzu kommt, dass die von verschiedenen Objekten geworfenen Schatten auf derselben Aufnahme verschiedene Winkel aufweisen und dass die Oberfläche unter der Landefähre keine Anzeichen der Landung zeigt. Kein einziger Stern ist zu sehen. Vernünftige Fotos auf dem Mond zu machen wäre ohnehin unmöglich gewesen angesichts des begrenzten Equipments, das damals zur Verfügung stand: eine ungeschützte Kamera ohne Sucher, die mit dicken, unbeweglichen Handschuhen bedient werden musste. Jeder Film wäre durch die Temperaturen auf der Mondoberfläche zerstört worden und die hohe Strahlung für die Astronauten tödlich gewesen. Dass die NASA so widersprüchlich mit dem Buch von Oberg umgegangen ist, zeigt doch nur, dass sie etwas zu verbergen hat.

## Offizielle Version

Diese Vorwürfe offenbaren eine völlige Unkenntnis der atmosphärischen Bedingungen auf dem Mond. Viele der Objekte auf der Mondoberfläche reflektieren sehr stark auch das Licht von der Erde, das als zweite Lichtquelle neben der Sonne hinzukommt. (Eine „volle" Erde, vom Mond aus gesehen, ist 68 Mal heller als der Vollmond von der Erde aus betrachtet.) Die Schatten weisen unterschiedliche Winkel auf, weil die Mondoberfläche uneben ist. Es gab keinen Landekrater, da die NASA eine Stelle mit sehr festem Boden für die Landung ausgewählt hatte. Zahlreiche Experimente haben bestätigt, dass das Risiko der Strahlung geringer war als befürchtet. Die Astronauten waren sorgfältig in der Bedienung der Kameras ausgebildet, die außerdem speziell für den Einsatz mit Handschuhen umgebaut waren.

Wer sich einzig auf fotografische Indizien stützt, verkennt die unzähligen unbestreitbaren Beweise für die Mondlandung, wie etwa die Laser-Reflektoren auf der Mondoberfläche, die noch immer für die Messung von Mondbeben verwendet werden. Dass die NASA schließlich von Obergs Buch absah, liegt daran, dass in den Medien Kritik laut wurde, es sei eine Geldverschwendung, solche Spinner überhaupt ernst zu nehmen. Betrugsvorwürfe sind eine Beleidigung für das hoch motivierte Team, das an der Mission mitgearbeitet hat, insbesondere für die mutigen Astronauten.

## Wie viel Angst sollten Sie haben? 0 %

Diese Spekulationen über eine inszenierte Mondlandung sind ein weiteres Beispiel für eine Verschwörung, die man schlichtweg nicht hätte verheimlichen können, nicht zuletzt auch deshalb, weil der sowjetische Geheimdienst ganz sicher Wind davon bekommen hätte. Es ist höchste Zeit, sich von diesem Ammenmärchen zu verabschieden.

# Roswell

**1947 stürzte ein UFO in New Mexico ab und außerirdische Technologien und Leichen wurden geborgen. Das US-Militär hat seitdem versucht, die Ereignisse zu verheimlichen.**

Am 8. Juli 1947 trug der *Roswell Daily Record*, die Lokalzeitung der Stadt Roswell, New Mexico, die außergewöhnliche Schlagzeile: „Roswell Army Air Field stellt fliegende Untertasse auf Ranch in der Umgebung von Roswell sicher". Ein paar Tage zuvor hatte ein Rancher der Gegend eine große Ansammlung unbekannten Materials entdeckt und daraufhin die Behörden verständigt. Das Militär kam und brachte die Wrackteile für weitere Untersuchungen zum Militärflugplatz in Roswell. Später wurden die Teile zum Wright Field in Ohio gebracht. Auf der Grundlage einer Pressemitteilung des Militärs, in der von einer „fliegenden sechseckigen Scheibe" die Rede war, wurde die Geschichte sofort aufgegriffen und sorgte für eine weltweite Sensation. Noch am selben Nachmittag veröffentlichte die Air Force die Mitteilung, es handele sich bei dem Wrack schlichtweg um einen abgestürzten Wetterballon.

## Was die Verschwörungstheoretiker sagen

Nachforschungen von Ufologen brachten zahlreiche Zeugenaussagen ans Licht, die der offiziellen Version widersprachen. Rancher und Mitglieder der Air Force, die das Wrack gesehen hatten, waren sich sicher, dass es aus einem der Wissenschaft unbekannten Metall bestand, und eine Frau, die für das Militär in der Region gearbeitet hatte, berichtete davon, dass Leichen aus dem Wrack geborgen wurden. Eine Krankenhausschwester des Roswell-Stützpunkts teilte Details zu den Leichnamen mit, die ganz offensichtlich nicht menschlich waren. 1984 wurde ein Film bekannt, der die Obduktion der Außerirdischen zeigte.

Das US-Militär versuchte zu verheimlichen, dass eine fliegende Untertasse außerirdischen Ursprungs bei Roswell abgestürzt war, und das Ganze wurde vertuscht, um die Technologie und Biologie der Außerirdischen im Geheimen studieren zu können. Das Wrack wurde zum hochgeheimen Forschungsstützpunkt in der Area 51 (siehe S. 122), wo Wissenschaftler in der Lage waren, neue Technologien wie den Tarnkappenbomber zu entwickeln, indem sie die Super-Technologie der Außerirdischen (im Verfahren des „reverse engineering") schrittweise rekonstruierten, um eine Technologie zu erhalten, die Menschen verstehen und anwenden können. Roswell markierte

TOP SECRET
ALIEN-FÖTUS

den Beginn eines Kontakts zwischen den US-Behörden und Außerirdischen. In der Zwischenzeit kam es weltweit immer wieder zu Abstürzen von Unidentified Flying Objects (UFOs), die für Forschungszwecke sichergestellt wurden.

## Offizielle Version

Als 1947 die Geschichte mit dem Wetterballon verbreitet wurde, war das tatsächlich ein Beispiel für gezielte Falschinformation. 1997 veröffentlichte die US Air Force das Dokument *Roswell: Fall abgeschlossen,* in dem die tatsächlichen Geschehnisse erläutert werden: Das abgestürzte Objekt war ein Ballon des hochgeheimen Projekts Mogul zur Radarforschung in großen Höhen.

Die sogenannten Beweise der Ufologen halten einer Überprüfung nicht stand. Die „Metalle außerirdischen Ursprungs" waren einfach reflektierendes Material des Ballons. Geschichten von Leichen, die aus dem Objekt sichergestellt wurden, sind auf falsche Erinnerungen an Ballontests mit Unfall-Dummys in den 1950er-Jahren zurückzuführen oder vielleicht auch auf Bilder der abscheulich verbrannten Leichen der Besatzung eines Tankflugzeug-Wracks. Die Schwester, die entscheidende geheime Informationen weitergegeben haben soll, hat es nie gegeben. Der Film mit der vermeintlichen Obduktion der Außerirdischen ist ein ganz klarer Betrug: Als „Alien" wurde eine fast exakte Nachbildung des Modells aus den Roswell-Aufnahmen verwendet, und das Procedere weist keinerlei Ähnlichkeiten mit einer echten Obduktion auf. Die ursprüngliche Presseerklärung des Militärs, mit der die Gerüchteküche zu brodeln begann, ist schlicht und ergreifend einem übereifrigen Mitglied des regionalen Pressebüros zuzuschreiben, dem die UFO-Geschichten zu Kopf gestiegen waren (die mysteriösen Ereignisse hatten ein paar Wochen zuvor mit ersten Sichtungen in Washington angefangen).

## Wie viel Angst sollten Sie haben? 5 %

Der Fall Roswell bot zunächst ein paar interessante Einblicke in die Art und Weise, wie das US-Militär gezielte Fehlinformationen einsetzte, um hochgeheime Forschungsprogramme vor dem Blick der Öffentlichkeit zu verbergen. Heute gilt es als wahrscheinlich, dass die Behörden nur zu gern die öffentliche Spekulationen über UFOs in den 1940er-Jahren geschehen ließen, denn dies lenkte das Interesse von der Entwicklung US-amerikanischer Forschungsprogramme ab, wie etwa den Skyhook Ballons, die zum Ausspionieren der sowjetischen Atomtests benutzt wurden. Leider hat sich das Ganze heutzutage zu einer peinlichen Farce verwandelt, mit kitschigen Museen, die überall in Roswell aus dem Boden schießen, und mit nicht weniger als sechs „authentischen Absturzstellen", die um die Touristendollars wetteifern.

# Area 51

**Die US-Regierung baut heimlich in Zusammenarbeit mit Außerirdischen an UFOs und erzeugt Mischwesen aus Mensch und Alien, um damit die Welt zu beherrschen.**

Area 51 ist das geheime Forschungs- und Testareal auf dem trocken gefallenen Boden des Groom Lake in Nevada. Das Gebiet wurde während des Zweiten Weltkriegs für militärische Tests genutzt, lag dann aber bis 1955 brach, bevor es zum Zweck geheimer Luftfahrttests erneut in Verwendung kam. Area 51 grenzt an das Testgebiet für Atombomben in Nevada. Es ist unter den Namen Watertown, Dreamland und Paradise Ranch bekannt.

## Was die Verschwörungstheoretiker sagen

Etliche Beobachtungen von auffälligem Licht und anderen Himmelsphänomenen in dieser Region deuten darauf hin, dass hier etwas Merkwürdiges vor sich geht. Zumal die unglaublich strengen Sicherheitskontrollen von privaten Wachdiensten, unterstützt durch schwarze Hubschrauber ohne Kennzeichnung, keinen Zweifel daran lassen, wie sehr die Regierung sich darum bemüht, hier etwas zu verheimlichen. Es wurde vermutet, dass das Wrack der bei Roswell abgestürzten fliegenden Untertasse, zusammen mit den Leichen der darin gefundenen außerirdischen Piloten (siehe S. 119), für weitere Tests in die Area 51 überführt worden war. Dies wurde von Bob Lazar bestätigt, einem ehemaligen Wissenschaftler auf dem Stützpunkt, der in den 1980er-Jahren an die Öffentlichkeit trat, um die ganze Geschichte zu enthüllen. Lazar war sich sicher, dass US-Wissenschaftler das Wrack von Roswell benutzten, um ausgehend vom fertigen Produkt ihre eigenen Flugobjekte zu entwickeln, wobei sie auch ein „exotisches Element" verwendeten, das erst kürzlich von zivilen Wissenschaftlern entwickelt worden war, um Energie und Antigravitation zu erzeugen. Lazar behauptet, dieses Element sei ursprünglich durch einen Handel mit den Außerirdischen in den Besitz der Armee gelangt. Die Forschung fand in einem riesigen unterirdischen Komplex auf Area 51 statt.

## Offizielle Version

Die reißerischen Theorien über Area 51 haben ein großes Problem – es gibt nicht den geringsten Beweis. Lazars Glaubwürdigkeit ist dürftig, um es vorsichtig zu sagen.

Experten bezweifeln seine wissenschaftliche Kompetenz, zudem scheint er seine wissenschaftlichen Publikationen gefälscht zu haben. Es gibt keinen Beweis für unterirdische Anlagen in Area 51, was die Frage nahelegt: Was ist die wirkliche Funktion dieser zweifellos supergeheimen Forschungseinrichtung? Es gibt vonseiten der US-Regierung weder eine Bestätigung noch ein Dementi, was die Existenz von Area 51 angeht, doch viele Details zur Geschichte der Aktivitäten dort bis in die frühen 1980er-Jahre sind bekannt. Der Stützpunkt wurde für die CIA und ihren Auftragnehmer Lockheed Martin geschaffen, um eine Reihe von hochmodernen Flugzeugen zu entwickeln, vom U-2-Spionageflugzeug über die SR-71 Blackbird bis hin zu den F-117-Tarnkappenflugzeugen. Man weiß nur wenig über die Aktivitäten seit 1980, auch wenn es viele Spekulationen gibt. Einige behaupten, der Stützpunkt sei inzwischen geschlossen und die Operationen seien an einen anderen Ort in Utah verlegt worden.

## Wie viel Angst sollten Sie haben? 27 %

Es gibt keine Beweise für eine Verbindung zwischen UFOs und Area 51, aber die Geschichte und die kontinuierliche Weiterverwendung des Stützpunkts sind sehr wohl Grund für besorgte Fragen. Hat die CIA das Recht, jedes beliebige Programm zu entwickeln und die horrenden Kosten auf die amerikanischen Steuerzahler abzuwälzen? Und das ohne jede Kontrolle, zumal am Ende große Geschäftsfirmen hiervon profitieren? Welche Arten von Technologie wurden entwickelt und wie ist die Forschung bezahlt worden? Area 51 hat den unangenehmen Beigeschmack, dass es anscheinend einen finanziellen Freibrief für den militärisch-industriellen Komplex darstellt.

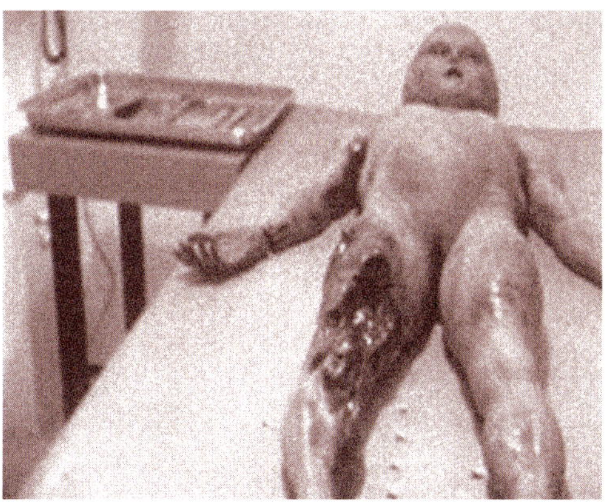

**Links:** Ein Foto, von Verschwörungstheoretikern im Internet triumphierend als Beweis für die Obduktion eines Außerirdischen gezeigt, die von der US-Regierung in der hochgeheimen Area 51 durchgeführt wurde.

# Der Rendlesham-Vorfall

**Britische und amerikanische Behörden versuchten eine außergewöhnliche Begegnung mit einem UFO außerhalb eines amerikanischen Atomwaffenstützpunkts zu verschleiern.**

1980 war der Stützpunkt Woodbridge der Royal Air Force (RAF) Teil eines Doppelkomplexes im Rendlesham Forest in Suffolk, der von der US Air Force betrieben wurde. Am frühen Morgen des 26. Dezember 1980 wurden Wachleute in den Wald geschickt, um außergewöhnliche Lichterscheinungen zu untersuchen, und zwei Nächte später wurde der stellvertretende Kommandeur des Stützpunkts, Oberstleutnant Charles Halt, erneut herbeigerufen.

Britische Ufologen drehten erwartungsgemäß durch – was wie ein Jahrhundertereignis aussah, war vor ihrer Haustür gelandet. Dieses „britische Roswell" hatte alles: direkte Begegnungen, physische Beweise, glaubwürdige Augenzeugen, echte Aufnahmen von den Ereignissen, die die Geschichte belegten und sogar eine Bestätigung auf höchster Ebene. Dies musste das Ereignis sein, das alle UFO-Geheimnisse ein für alle Mal lösen würde.

## Was die Verschwörungstheoretiker sagen

Halt reichte seinen Bericht ein, doch weder die britischen noch die US-amerikanischen Behörden wollten weitere Untersuchungen anstrengen. Diese Unnachgiebigkeit von offizieller Seite wurde zunehmend verdächtig, als Ufologen ihre eigenen Nachforschungen starteten und dabei auf eine unglaubliche Geschichte stießen. Die drei Wachleute, die am Morgen des 26. Dezember Dienst hatten, berichteten von einer Begegnung mit einem glänzenden, metallenen und dreieckigen Objekt im Wald, das abhob und drei Löcher in Dreiecksform zurückließ. Messungen schienen hohe Strahlungswerte anzuzeigen. War dies der so schwer zu findende physische Beweis, den Ufologen gesucht hatten?

Einer der Wachleute behauptete später, er habe das Objekt berührt, und zeichnete seine seltsamen Markierungen auf. Halt berichtete davon, dass er Lichtstrahlen gesehen hatte, die offensichtlich vom UFO auf die Nuklearwaffen-Bunker des Stützpunkts gerichtet waren, und eine von ihm angefertigte Tonbandaufnahme liefert weitere Beweise für die Begegnung. Sein Funkgerät funktionierte nicht mehr, und die Lampen, die man nach dem ersten Ereignis aufgestellt hatte, fielen auf mysteriöse Weise aus; auch gab es Radaraufnahmen von nicht identifizierten Objekten.

Inzwischen schien eine Verschleierungsoffensive am Werk zu sein: Die Rolle mit einem Film, den einer der Wachleute aufgenommen hatte, kam niemals aus dem Fotolabor zurück, und Zeugen gaben an, sie seien von den Behörden schikaniert worden. Ein Ufologe, der sich mit dem Fall beschäftigte, bat um ein Interview mit Premierministerin Margaret Thatcher und bekam als Antwort, „Das können Sie den Menschen nicht mitteilen!"

## Offizielle Version

Die tatsächliche Quelle der merkwürdigen Lichterscheinungen im Wald von Rendlesham war der nahe gelegene Leuchtturm. Der ursprüngliche Bericht der drei Wachleute stimmt nicht mit deren späteren Aussagen überein. Sie hatten zunächst angegeben, sie seien nicht näher als 50 Meter an das „Objekt" herangegangen, und ganz sicher haben sie es nicht berührt. Nachdem sie dem Licht einige Zeit im Wald nachgegangen waren, stellten sie fest, dass sie die ganze Zeit in die Richtung des nahe gelegenen Leuchtturms geschaut hatten.

Auch in Halts Geschichte gab es Ungereimtheiten. Die zeitliche Abfolge und die Beschreibung auf dem Tonband machten klar, dass auch er mit großer Sicherheit auf den Leuchtturm geschaut hatte. Sein Funkgerät hatte niemals aufgehört zu funktionieren, und auch die ausgefallenen Lichter waren nichts Besonders; sie fielen regelmäßig aus. Die „Landespuren", die das vermeintliche UFO hinterlassen haben soll, waren in Wirklichkeit Kaninchenlöcher, und die gemessene Strahlung stellte sich als ganz normal für diese Gegend heraus. Die außergewöhnlichen Radarsignale könnten entweder mit einem in diesem Zeitraum auftretenden Meteorschauer zu tun haben oder mit den Trümmern eines russischen Satelliten, der in der Atmosphäre verglühte. Es gab keine Untersuchung, einfach weil es nichts zu entdecken gab. Margaret Thatchers Bemerkung war aus dem Zusammenhang gerissen; sie wollte lediglich sagen, dass die Menschen logischen Erklärungen nicht zugänglich sind, wenn es um die Beobachtung von UFOs geht.

## Wie viel Angst sollten Sie haben? 2 %

Der Fall von Rendlesham scheint hinreichend geklärt zu sein, und die meisten Ufologen betrachten die Sache als erledigt.

# Die Entführungsakten

**Tausende, vielleicht Millionen von Menschen werden regelmäßig von außerirdischen Raumschiffen entführt, um Experimente mit ihnen durchzuführen.**

Sichtungen von UFOs waren seit 1947 ziemlich häufig, doch der erste weithin bekannte Fall einer Entführung durch Außerirdische wurde 1957 berichtet, als Barney und Betty Hill, die nach ihren Erlebnissen beide an Albträumen und Gesundheitsproblemen litten, eine psychotherapeutische Behandlung bei einem Hypnotiseur durchführten. Unter Hypnose beschrieben sie, was seitdem zu einer häufig erzählten Geschichte wurde: Kleinwüchsige Außerirdische mit grün-grauer Haut und großen, mandelförmigen Augen hatten sie an Bord ihres Raumschiffs geholt, wo sie Untersuchungen und medizinischen Tests unterzogen wurden, bevor man sie in ihr Auto zurückbrachte. Als sie ihr Bewusstsein nach einigen Stunden wiedererlangten, konnten sie sich an nichts mehr erinnern, was vorgefallen war (bekannt als „Missing-Time-Syndrom").

Das Phänomen der Entführungen kam erst in den 1980er-Jahren richtig ins Bewusstsein, nachdem Whitley Streiber, Autor von Horror-Romanen, seinen Bestseller *Die Besucher* veröffentlicht hatte, in dem er seine eigenen Entführungserlebnisse beschrieb. Unterdessen behauptete der New Yorker Künstler Budd Hopkins, er habe Beweise dafür gesammelt, dass diese Entführungen tatsächlich ein Massenphänomen waren. Hunderte von Menschen, unter Hypnose oder in Gruppentherapien, begannen nun, ihre traumatischen Alien-Erfahrungen ins Bewusstsein zurückzuholen.

## Was die Verschwörungstheoretiker sagen

Die Erfahrungsberichte von Entführungen weisen ganz ähnliche Strukturen auf, Beweis genug dafür, dass sie ein tatsächliches Geschehen beschreiben. Die Entführung geschieht zumeist, wenn die Person sich im Bett befindet oder im Auto nachts durch eine dünn besiedelte Gegend fährt. Typischerweise empfinden die Entführten eine merkwürdige Präsenz und verlieren zugleich die Kontrolle über ihren Körper. Irgendwie werden sie in ein Raumschiff gebracht, Untersuchungen und Experimenten unterzogen, manchmal werden ihnen merkwürdige Dinge gezeigt, und dann bringt man sie zurück. Diese Personen haben keinerlei Erinnerungen an das entsprechende Ereignis, doch oft haben sie Erinnerungslücken oder leiden am „Missing-Time-Syndrom". Vielfach verschlechtert sich auch ihre Gesundheit und sie leiden an Albträumen und psychischen Problemen.

Viele behaupten, die Außerirdischen hätten ihnen Sperma oder Eizellen entnommen, oder sie hätten hybride Embryos von Mensch und Außerirdischen implantiert bekommen. Einige Entführte berichten, sie hätten Implantate entdeckt oder sogar sichergestellt – kleine Geräte, deren Herkunft und Funktion unbekannt ist und die

in ihre Körper eingebracht wurden, vermutlich damit die Außerirdischen sie jederzeit lokalisieren können.

Belege für Entführungen sind geradezu alarmierend häufig. Einer Studie zufolge berichten zwei Prozent der US-amerikanischen Bevölkerung von Entführungserfahrungen; das sind fünf Millionen Menschen allein in den USA.

## Offizielle Version

Praktisch alle Entführungserinnerungen werden durch suggestive Hypnosetherapien erzeugt, die Menschen erwiesenermaßen „falsche" Erinnerungen liefern (bekannt als *recovered memory*). Sie sind dann von Dingen überzeugt, die niemals stattgefunden haben. Bislang gibt es keinen einzigen physischen Beweis für eine Entführung – selbst die vermeintlichen Implantate verschwinden auf mysteriöse Weise, bevor man sie untersuchen konnte. Und niemand kann erklären, wie die Entführten aus ihren Betten oder ihren Autos in das Raumschiff gelangen, oftmals sogar durch Wände hindurch.

Viele Erlebnisse sind aus nicht-paranormalen Situationen bekannt, wie zum Beispiel die Schlafparalyse. Dies ist ein wenig bekanntes, doch überraschend häufiges Phänomen, bei dem der Geist des Schlafenden arbeitet, doch die Muskeln gelähmt sind. Die meisten Muskeln sind während der REM-Phasen (Traumphasen im Schlaf) bewegungslos, um die Person davon abzuhalten, ihre Träume auszuleben und sich so zu verletzen. Menschen, die hierunter leiden, berichten von Angstgefühlen, seltsamen Präsenzen und einem Druck auf der Brust. Früher wurden solche Erlebnisse gern als Angriff von übernatürlichen Wesen interpretiert, zum Beispiel Hexen oder Dämonen, und heute werden diese Wesen durch Außerirdische ersetzt. Oder ganz nüchtern betrachtet: Die meisten Entführungen geschehen nachts oder wenn Menschen schläfrig sind – könnte es sich einfach um falsch erinnerte Träume handeln?

## Wie viel Angst sollten Sie haben? 0 %

Die Gleichförmigkeit der Entführungserlebnisse belegt, dass es sich um ein kulturelles und nicht um ein physikalisches Phänomen handelt. Einige Elemente davon, vor allem das Aussehen der Aliens, sind aus der populären Kultur wohlbekannt. Die Entführung der Hills zum Beispiel, fand direkt nach der Ausstrahlung eines Fernsehprogramms statt, in dem Aliens mit grauer Haut und großen Augen gezeigt wurden. Die vermutlich wichtigste Botschaft dabei ist, dass es gefährlich sein kann, sich von Menschen mit zweifelhaften Motiven hypnotisieren zu lassen, denn sie können ohne Weiteres falsche Erinnerungen erzeugen, die mitunter sehr verstörend sind.

# Rinderverstümmelungen

**Irgendjemand oder irgendetwas verletzt oder tötet mit chirurgischer Präzision Kühe auf der ganzen Welt, und die Regierung versucht das Ganze zu vertuschen.**

Vom Sommer 1973 bis ins Jahr 1976 gab es eine Welle von Rinderverstümmelungen quer durch den amerikanischen Mittelwesten. Genitalien, Augen und Ohren wurden mit chirurgischer Präzision entfernt, das Fleisch wurde vom Kiefer geschnitten, und das Blut wurde aus den Körpern entleert. Keine Spuren oder Anzeichen von anderen Tieren wurden jemals gefunden. In Großbritannien gibt es eine lange Geschichte von *horse ripping:* Bizarre Angriffe auf lebende Pferde, die bis heute anhalten. Lateinamerika ist ein weiterer Brennpunkt für solche Verstümmelungen. Dort werden diese Phänomene von verstümmelten, blutentleerten Tieren teils auch einer Kreatur namens *chupacabras* (spanisch „Ziegenaussauger") zugeschrieben.

## Was die Verschwörungstheoretiker sagen

Viele dieser Verstümmelungen gehen einher mit Beobachtungen von UFOs oder Fahrzeugen ohne Kennzeichen, denen die üblichen „Men in Black" entsteigen, vermutlich Regierungsagenten mit dem Auftrag, Zeugen mundtot zu machen. Diese Verbindungen sind kein Zufall. Rinderverstümmelungen sind das Ergebnis seltsamer Experimente durch Außerirdische, die biologisches Material zur Schaffung von hybriden Mensch-Alien-Wesen und Cyborgs verwenden. Die Regierungen auf der Erde arbeiten mit ihnen zusammen; sie bieten Stützpunkte wie Area 51 für ihre Forschungslabors an (siehe S. 122) und vertuschen die Vorgänge. Der *chupacabras* ist eines dieser bizarren Mischwesen, in Zusammenarbeit zwischen Außerirdischen und US-Wissenschaftlern erschaffen und als Experiment in Lateinamerika ausgesetzt. Wir wissen all dies durch die wiedererlangten Erinnerungen von Entführten und die Aussagen von Insidern, die innerhalb dieser Verschwörung gearbeitet haben.

## Offizielle Version

Die Verstümmelungen sind intensiv vom FBI und von Wissenschaftlern untersucht worden, und alle kamen zum selben Ergebnis: Die Rinder wurden von normalen Raubtieren getötet und anschließend von Aasfressern ausgeweidet, die nur bestimmte

Körperteile essen. Das Blut sickerte in die Erde und die „chirurgische Präzision" der Schnitte war eine Folge der scharfen Zähne oder Schnäbel der Aasfresser. Der FBI-Bericht zu den ersten Verstümmelungen von 1975 erklärt zum Beispiel: „Staatliche Veterinärmediziner sind nach Untersuchung der verstümmelten Tierkadaver davon überzeugt, dass die toten Tiere von anderen Tieren gefressen wurden, vermutlich von Füchsen, von denen es heißt, sie hätten ‚messerscharfe Zähne wie Scheren'". Es gibt keine Spuren, da Aasfresser häufig kleine Tiere sind und keine deutlichen Fährten hinterlassen. In Lateinamerika hält man eine kleine Mäusegattung für einige der Verstümmelungen verantwortlich; dies wurde weiter bestätigt, als man solche Nager dabei beobachtete, wie sie die Nasen und Ohren von Rindern abnagten.

Die Berichte von Verschwörungstheoretikern sind völlig unbewiesen. Die wiedererlangten Erinnerungen sind nicht vertrauenswürdig und die „Insider" sind Betrüger. Die Theorien ergeben keinen Sinn. Warum sollten Außerirdische Körperteile von Rindern sammeln? Welchen Sinn könnte dieses genetische Material für Aliens haben? Diese pseudowissenschaftlichen Verschwörungstheorien offenbaren eine erschreckende Unkenntnis selbst der einfachsten biologischen Grundlagen.

## Wie viel Angst sollten Sie haben? 2 %

Diese „Wellen" folgen einem gleichbleibenden Muster. Medienberichte von einigen wenigen Fällen lösen Panik aus, was zur Meldung von weiteren Fällen führt. Die Behörden schicken die Experten zum Tatort, und der Fall wird untersucht. Die Experten bestätigen, dass es keinen Einfluss paranormaler Art gibt; Hunde, Kojoten und andere Raubtiere oder Aasfresser werden als Ursache ausgewiesen. Sobald das Rätsel „gelöst" ist, ebbt das Medieninteresse ab, doch Rancher, die viele ihrer Rinder an Raubtiere verlieren, bleiben auch weiterhin davon überzeugt, dass hier etwas Übernatürliches am Werk ist.

# Die „Dark-Side"-Hypothese

**Alle Versuche der US-Regierung, UFO-Sichtungen zu verschleiern, lassen sich in einer groß angelegten Verschwörung zusammenfassen: mit dem Ziel, die Weltherrschaft zu übernehmen und die Apokalypse herbeizuführen.**

1980 war die Ufologie vollauf mit unheimlichen Berichten von sogenannten „Greys" beschäftigt, also „grauen" Besuchern mit schräg geneigten Augen und unklaren Absichten, die in dreieckigen Raumschiffen unterwegs waren, Rinder verstümmelten, Menschen entführten und anscheinend unter dem Schutz von Regierungsagenten in dunklen Fahrzeugen standen. Doch was verband all diese Elemente?

Paul Bennewitz untersuchte merkwürdige Lichterscheinungen in der Nähe eines Stützpunkts der Air Force, als interne Quellen des Militärs begannen, ihm geheime Informationen zukommen zu lassen. Dank seiner Veröffentlichungen wurde einer zweifelnden Welt die Wahrheit über die „Dark Side" enthüllt.

## Was die Verschwörungstheoretiker sagen

Die „Dark-Side"-Hypothese behauptet, dass eine geheime Weltregierung mit einer außerirdischen Lebensform eine Allianz gebildet hat. Die Verschwörung begann 1947 mit der Bergung einer abgestürzten fliegenden Untertasse bei Roswell, woraufhin Präsident Truman einen geheimen Rat unter dem Namen MJ-12 einsetzte („MJ" von *majestic* oder *majority*, also majestätisch oder Mehrheit), um sich mit allen UFO-Angelegenheiten zu befassen. Durchgesickerte Regierungsdokumente haben die Existenz dieser Organisation auf spektakuläre Weise bestätigt.

Weitere Funde von Raumschiffwracks sowie die Bergung lebender oder toter Aliens wurden vor der Öffentlichkeit geheim gehalten, bis es 1954 auf dem Luftwaffenstützpunkt Holloman zu einem Treffen zwischen der US-Regierung und einer außerirdischen Rasse kam, die als „Greys" bekannt ist, nur eine von etlichen Formen von Aliens, die regelmäßig den Planeten Erde besuchen. Die „Greys" benötigten genetisches Material von der Erde, um ihr aussterbendes Volk wiederzubeleben, und die Regierung stimmte einer Zusammenarbeit im Austausch für hochmoderne Technologie zu. Geheime Stützpunkte wie Area 51 wurden den Außerirdischen zugewiesen, und verdeckt operierende Einheiten halfen bei der Implementierung eines Programms zur Rinderverstümmelung und zur Entführung von Menschen.

MJ-12 arbeitete als eine geheime Institution innerhalb der Regierung, und zwar unter Anwendung von Techniken zur Gedankenkontrolle, Implantaten und künstlich erzeugten Krankheiten, um so die Bevölkerungsdichte zu kontrollieren und die menschliche Art auf die Kolonisierung ihres Planeten vorzubereiten. Die Organisation richtete Stützpunkte auf dem Mars und auf der „dunklen Seite" des Mondes ein. Um ihre Aktivitäten zu finanzieren, begann die Geheimregierung, die Kontrolle über die weltweiten Geheimdienste und Sicherheitskräfte hatte, sich in Drogenhandel und Mordanschlägen zu betätigen. Letztendliches Ziel ist die Verkündigung einer Neuen Weltordnung, in der hybride Mensch-Alien-Wesen die Erde regieren und die Menschen versklaven. Für Paranoiker mit einem Hang zur Religion kommt die „Dark-Side"-Verschwörung der Vorbereitung der Apokalypse gleich.

## Offizielle Version

Die einzigen Indizien für diese Geschichte sind die durchgesickerten MJ-12-Dokumente und die „Insider"-Berichte, mit denen Bennewitz versorgt wurde. Das FBI hat Ermittlungen durchgeführt und ist zu dem Ergebnis gekommen, dass die Dokumente frei erfunden sind. Inzwischen ist klar, dass die Fehlinformationen auf Richard Doty zurückgehen, einen Offizier des Air Force Office of Special Investigations, der für die Prüfung der UFO-Berichte verantwortlich war. Doty arbeitete mit dem Ufologen William Moore zusammen und gab die Falschinformation an den psychisch labilen Bennewitz weiter, der schließlich einen Zusammenbruch erlitt. Moore gab schlussendlich seine Beteiligung an dem Betrug zu und wurde aus der Air Force entlassen.

## Wie viel Angst sollten Sie haben? 0 %

Die Hypothese ist zweifellos paranoider Unsinn, doch Dotys Rolle dabei führt zu interessanten Fragen. Warum unternahm die Regierung große Anstrengungen, um die „Dark-Side"-Bewegung zu erschaffen? Ufologen glauben daher heute, die Behörden hätten 70 Jahre lang eine Falschinformations-Kampagne durchgeführt, um von hochgeheimen Aktivitäten wie der Bergung von Atomwaffen, supermodernen Luftfahrtprojekten und Überwachungsprogrammen abzulenken.

# Forschungsprogramm „Aurora"

**In einer Anlage in der Arktis führt die US-Regierung hochgeheime Experimente zur Wetterbeeinflussung, zu Strahlenwaffen und zur Gedankenkontrolle durch.**

Das High Frequency Active Auroral Research Programme (bekannt als HAARP) umfasst eine Reihe von Hochleistungs-Sendeanlagen in einer Forschungsstation in Alaska. Es wurde von den beiden militärischen Forschungseinrichtungen Air Force Research Laboratory und Office of Naval Research eingerichtet, doch offiziell arbeitet es als eine unabhängige Forschungsstation. HAARP sendet hochfrequente Radiowellen in die Ionosphäre (eine elektrisch geladene Schicht der oberen Atmosphäre), um dadurch eine leichte Erwärmung zu erzeugen. Dies verändert die elektrischen Eigenschaften und kann Radiowellen mit extrem niedrigen Frequenzen (ELF) hervorrufen. Im Gegensatz zu normalen Radiowellen können diese praktisch alles durchdringen – auch Eis, Wasser und Felsen.

## Was die Verschwörungstheoretiker sagen

HAARP und der damit verbundene Erwärmungseffekt in der Ionosphäre werden für verschiedene unredliche Ziele verwendet. Aus der erwärmten Region können Strah-

**Links:** Antennen der HAARP-Forschungsstation in Alaska. Sind dies einfach nur Forschungsgeräte für Physiker oder dienen die Geräte finsteren Zwecken, wie der Wettermanipulation über verfeindeten Staaten oder gar der Überwachung menschlicher Gehirne?

len mit geladenen Teilchen abgefeuert werden, die im Rahmen des Star-Wars-Abwehrprogramms Raketen und sogar Flug- und Raumfahrzeuge abschießen können. HAARP-Tests sind für den Abschuss des TWA-Fluges 800 (siehe S. 74) und für den Absturz der Raumfähre *Columbia* im Jahr 2003 verantwortlich. HAARP kann auch zur Manipulation des Wetters benutzt werden, um Dürre, Stürme, Überflutungen und selbst Hurrikans bei verfeindeten Staaten auszulösen. Da ELF-Wellen dieselbe Frequenz wie die elektrische Aktivität des menschlichen Gehirns haben, werden die elektromagnetischen Signale, die HAARP generiert, als ein hoch entwickeltes Mittel zur Gedankenkontrolle eingesetzt, wobei Botschaften, Gedanken und Handlungsanleitungen auf die Weltbevölkerung übertragen werden.

## Offizielle Version

HAARP wird vor allem dazu verwendet, die physikalischen Bedingungen der Ionosphäre und des elektrischen Feldes der Erde zu untersuchen, vor allem den Einfluss des Sonnenwinds. Der Effekt der ELF-Wellen kann bei der Kommunikation mit getauchten U-Booten helfen sowie beim Einsatz eines Radars, das den Erdboden durchdringt, um so zum Beispiel Bunker aufzuspüren. Auf keinen Fall können hochfrequente Radiowellen die Troposphäre oder die Stratosphäre beeinflussen – die atmosphärischen Schichten, in denen das Wetter entsteht – und die Ionosphäre hat mit dem Wetter nichts zu tun. Die Einwirkungen von HAARP auf die Ionosphäre sind im Vergleich zu Sonnenaktivitäten (wie etwa Sonnenstürme), die Auswirkungen auf das tägliche Wetter haben, zu vernachlässigen. Was die biologischen Effekte angeht, so hält die HAARP-Webseite fest, dass das von der Erwärmung der Ionosphäre ausgehende ELF-Signal „eine Million Mal schwächer (niedriger) ist als der Grenzwert, der in wissenschaftlicher Literatur für einen biologischen Effekt angegeben wird".

## Wie viel Angst sollten Sie haben? 10 %

Für eine angeblich verdeckt operierende Forschungs- und Waffeneinrichtung ist HAARP nicht besonders geheim. Eine Menge Information dazu ist öffentlich zugänglich, und für Neugierige gibt es sogar jedes Jahr einen Tag der offenen Tür. Auch wenn Teile der Forschung wegen ihrer möglichen militärischen Anwendbarkeit als geheim eingestuft bleiben, ist die Wissenschaft im Allgemeinen davon überzeugt, dass die von HAARP ausgehenden Effekte zu vernachlässigen sind, wenn man sie mit den natürlich auftretenden Effekten vergleicht. Wo immer wissenschaftliche Komplexität Raum für Unkenntnis oder Fehleinschätzungen lässt, sind Verschwörungstheorien schnell zur Stelle und füllen die Lücke aus.

# MK-ULTRA und der wahre Manchurian-Kandidat

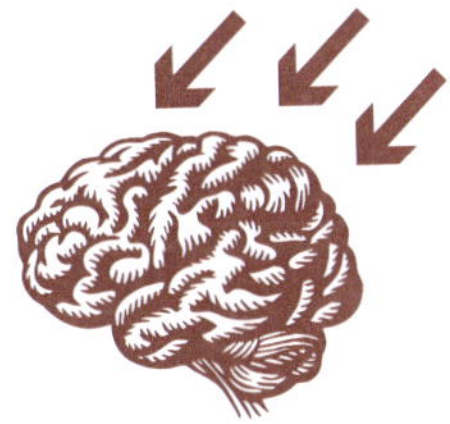

**War der 1962 gezeigte Politthriller über einen gehirngewaschenen Attentäter wirklich reine Fiktion oder versuchen CIA und Armee die Gedanken zu kontrollieren?**

Der in den 1960er-Jahren gedrehte Politthriller *The Manchurian Candidate* (deutsch *Botschafter der Angst,* 2004 erschien ein Remake) beschreibt die Geschichte eines gehirngewaschenen Attentäters. Es gibt tatsächlich beunruhigende Hinweise darauf, dass die CIA bei Versuchen zur massenhaften Gedankenkontrolle beteiligt war.

Untersuchungen von Kongress und Armee in den 1970er-Jahren enthüllten, dass die CIA 1953 ein geheimes Projekt namens MK-ULTRA ins Leben gerufen hatte. Besorgt von Berichten, nach denen Kommunisten während des Koreakriegs Gehirnwäsche als Technik eingesetzt hatten, um gefangene US-Soldaten zu Überläufern zu machen, entschied die CIA, eigene Methoden zur Gedankenkontrolle zu entwickeln. Im Rahmen von MK-ULTRA wurden Drogen, Bestrahlung und andere Techniken an Personen getestet, meist ohne deren Wissen.

Das Projekt beinhaltete viele schockierende Misshandlungen. Patienten und Gefängnisinsassen wurde täglich LSD verabreicht und man unterwarf sie psychologischer Folter, spritzte ihnen intravenös Cocktails von Barbituraten und Amphetaminen, versetzte sie für Monate ins Koma, um sie anschließend Aufnahmen von Stimmen in Endlosschleife auszusetzen. Viele waren irreversibel geschädigt und mindestens zwei Personen verstarben. Ein CIA-Offizier namens Frank Olson bekam LSD und stürzte – kurz bevor er seinen Dienst quittieren wollte – tödlich aus dem Fenster, vermutlich während eines psychotischen Schubes. 20 Jahre Forschung überzeugten die Behörden letztendlich davon, dass solche Techniken weder verlässlich noch wirkungsvoll waren. Ab 1976 gab es eine Reihe von präsidialen Erlassen, die Forschungstätigkeiten ohne bewusste Einwilligung der beteiligten Personen als rechtswidrig erklärten.

## Was die Verschwörungstheoretiker sagen

Im Gegensatz zu offiziellen Verlautbarungen war MK-ULTRA erfolgreich, allerdings ist das schwer zu beweisen, da der Leiter des Programmms, Richard Helms, 1972 die illegale Anweisung zur Vernichtung der meisten Akten gab. Olsons Tod war kein drogenbedingter Suizid, sondern Mord. Er war Mitglied eines Teams, das in Europa Häftlinge des Kalten Krieges verhören sollte, und er wollte auspacken. Als sein Leichnam exhumiert wurde, konnte man sehen, dass er bewusstlos geschlagen wurde, bevor er in den Tod stürzte.

Die Methoden, die im (bis heute aktiven) Programm entwickelt wurden, beinhalten die ELF-Wellen-Technologie (siehe Forschungsprogramm „Aurora“ S. 133), Drogenkontrolle, Hypnose und unterschwellige Beeinflussung. Sie kamen während der Belagerung des Geländes der Branch Davidians in der Nähe von Waco, Texas, zum Einsatz, bei Inhaftierten in Guantanamo, bei Häftlingen des Abu-Ghuraib-Gefängnisses und beim „War on Terror“ der Bush-Regierung. Teile der Bevölkerung werden regelmäßig auf diese Weise kontrolliert; viele Patienten, bei denen fälschlicherweise Schizophrenie diagnostiziert wird, sind in Wirklichkeit Opfer fehlgeschlagener Techniken zur Gedankenkontrolle.

## Offizielle Version

Das Programm stellte einen skandalösen Machtmissbrauch dar, doch es zeigte, dass derartige Techniken nicht funktionieren. Heutige Verschwörungsvorwürfe widersprechen der Tatsache, dass wir nur sehr wenig über Vorgänge im Gehirn wissen. Schauergeschichten über kommunistische Gehirnwäsche mit Hypnose haben sich als falsch erwiesen. Erlasse des US-Präsidenten haben zur Folge, dass solche Dinge nicht mehr stattfinden, und es gibt keine Belege dafür, dass mehr als „Stress-Techniken“ im „War on Terror“ zum Einsatz kamen.

## Wie viel Angst sollten Sie haben? 66 %

Die Theorien von Paranoikern zur Gedankenkontrolle sind reine Science-Fiction, doch die schockierenden Beispiele von Missbrauch im MK-ULTRA-Programm können sehr wohl real sein. Die USA haben internationale Konventionen gegen Folter ignoriert und ähnliche Techniken in Guantanamo und Abu Ghuraib eingesetzt. US-amerikanische Geheimdienste betreiben eine eigene Fluglinie, um Gefangene zu despotischen Regimes zu bringen, um so US-Gesetze und eine amerikanische Aufsicht zu umgehen. Angesichts der Vorgeschichte dieser Dienste ist die Annahme sehr plausibel, dass Gefangene mithilfe gefährlicher Drogen oder psychologischer Techniken verhört werden, die von diesem Programm herrühren.

# Stargate Project

**Die CIA und das Verteidigungsministerium der Vereinigten Staaten haben Millionen von US-Dollar in die Entwicklung eines 20 Jahre dauernden Programms für übersinnliche Spionage gesteckt.**

Ebenso wie das US-amerikanische MK-ULTRA-Programm (siehe S. 135) ist auch das Pendant im Bereich übersinnlicher Spionage, bekannt als „Operation Stargate", aus der Paranoia des Kalten Krieges erwachsen. Man wollte herausfinden, was die „andere Seite" im Schilde führte, mit aus der Sowjetunion durchgesickerten Berichten darüber, dass die kommunistischen „Roten" ernsthaft am Einsatz hellseherischer Kräfte forschten. Die CIA wollte nicht zurückstecken und beauftragte Harold Puthoff und Russell Targ vom Stanford Research Institute damit, eine Form von außersinnlicher Wahrnehmung (ASW, englisch ESP) zu untersuchen, die als *remote viewing* („Fernwahrnehmung", RV) bekannt ist, was Astralreisen beinhaltet, in denen ein Medium geistige Reisen an entfernte Orte unternimmt, dabei auch durch Wände hindurchgeht, um Dinge zu beobachten und zu hören. Die Ergebnisse überzeugten das Verteidigungsministerium, und das Projekt wurde als „Operation Stargate" aufgesetzt.

Gemeinsam mit der National Security Agency (NSA) investierte das Verteidigungsministerium in den nächsten 20 Jahren etwa 20 Millionen US-Dollar. Es wurden Medien rekrutiert und in ihren hellseherischen Fähigkeiten weiter ausgebildet. 1995 veranlasste die CIA eine externe Prüfung, die zu dem Ergebnis kam, dass „Operation Stargate" keinen Nutzen hatte und eine Verschwendung öffentlicher Mittel darstellte. Das Programm wurde daraufhin beendet und die „telepathischen Spione" mussten für sich selbst sorgen. Etliche von ihnen traten als Experten für *remote viewing* auf.

### Was die Verschwörungstheoretiker sagen

Wenn man den Ex-Spionen glaubt, waren sie unglaublich erfolgreich. Sie halfen der Armee und der NSA dabei, entführte Generäle, Trainingslager der Palästinensischen Befreiungsorganisation (PLO), abgestürzte Flugzeuge und geheime U-Boot-Stützpunkte der Sowjetunion zu lokalisieren. Wenn *remote viewing* nicht funktionierte, warum hat das Verteidigungsministerium dann die Operation so lange fortgeführt? Es kam erst dann zu Problemen, als die ursprünglichen telepathischen Spione der Armee durch neu rekrutierte Personen aus den Bereichen von New Age und Okkultismus ersetzt wurden. Einige der RV-Leute behaupten, heute noch immer für den Geheimdienst zu arbeiten, um bei der Auffindung von Terroristen und der Vermeidung von Anschlägen zu helfen.

## Offizielle Version

Die lange Laufzeit des Programms zeugt einfach nur für ein zu gering ausgeprägtes kritisches und wissenschaftliches Denken der verantwortlichen Offiziere. Psychologen haben einige nicht-paranormale Taktiken identifiziert, die von sogenannten „Medien" benutzt werden – darunter das Reden in sehr langen, weitschweifenden Antworten, um so die Chancen für einen Zufallstreffer zu erhöhen oder alles im Vagen zu halten – wodurch man ansatzweise erklären kann, wieso RV zu funktionieren schien. Das Stargate Project wurde als Geheimdienstoperation durchgeführt, nicht als ein Experiment, und deshalb erhielten die telepathischen Spione so viele Informationen zu ihren „Zielen" wie möglich, beispielsweise Satellitenfotos und Beschreibungen der Orte. Kein Wunder, dass sie einige vermeintlich sehr genaue Einschätzungen gaben. Der Bericht aus dem Jahr 1995 kommt zu dem Ergebnis, dass die geheimdienstlichen Einsichten, die man bei dieser aufwendigen Prozedur gewann, meist wertlos waren, da sie erst durch konventionelle Methoden bestätigt werden mussten.

## Wie viel Angst sollten Sie haben? 0 %

Man kann mit Sicherheit davon ausgehen, dass CIA, NSA und Verteidigungsministerium auf dieselben Tricks hereingefallen sind, wie sie auch bei Bühnenshows von populären Hellsehern verwendet werden. Doch hier ging es nicht nur um harmlosen Spaß. Ein wesentlicher Teil des RV-Trainings bestand aus Techniken, die mentale Bilder und Vorstellungen verstärkten; diese Praktiken schwächten den Realitätsblick der telepathischen Spione und führten zu Fantasiebildern und Wahnvorstellungen. Einige der beteiligten Personen hatten ihr Leben lang an den psychologischen Folgen zu leiden.

# Quellen

## Webseiten

Conspiracy Planet – the Alternative News and History Network: *www.conspiracyplanet.com*
Counterpunch: *www.counterpunch.org*
Disinfopedia: *www.disinfopedia.org*
Illuminati Conspiracy Archive: *www.conspiracyarchive.com*
The Konformist: *www.konformist.com*
Lobster: *www.lobster-magazine.co.uk/intro/index.php*
Paranoia: The Conspiracy Reader: *www.paranoiamagazine.com*
Quackwatch: *www.quackwatch.org*
Wikipedia: *www.wikipedia.org*

## Bücher


Ahmed, Kamal, „Britain framed Irish hero with ‚jubilee plot' to murder Victoria" (*The Observer* 12. Mai 2002)

Bryson, Chris, „The Donora Fluoride Fog" (*Earth Island Journal*: 1998)

Carroll, Robert Todd, *The Skeptic's Dictionary* (John Wiley & Sons: Hoboken, 2003)

*Counterpunch* Magazin (PO Box 228, Petrolia, CA 95558)

Dash, Mike, *Borderlands* (Arrow Books: London, 1998)

*Fortean Times* (Box 2409, London NW5 4NP, *www.forteantimes.com*)

Jay, Mike, *Emperors of Dreams* (Dedalus: Sawtry, 2000)

Lean, Michael and Hankey, Catherine, „Aspartame and its effects on health" (*British Medical Journal*: 2004)

Levy, Joel, *The KISS Guide to the Unexplained* (Dorling Kindersley: London, 2002)

Levy, Joel, *Secret History: Hidden forces that shaped the past* (Vision: London, 2004)

*Lobster: The Journal of Parapolitics* (Robin Ramsay (Dept. W), 214 Westbourne Avenue, Hull HU5 3JB, United Kingdom)

Miller, T. Christian, „Post-invasion chaos blamed for drugs surge" (*LA Times*, 4. Oktober 2004)

Ramsay, Robin, *Conspiracy Theories* (Pocket Essentials: Harpenden, 2000)

Rickard, Bob und Michell John, *The Rough Guide to Unexplained Phenomena* (Rough Guides: London, 2000)

Ronson, Jon, *Them: Adventures with Extremists* (Picador: London, 2001)

Vankin, Jonathan und Whalen, John, *The 80 Greatest Conspiracies of All Time* (Citadel Press: New York, 2004)

# Glossar

**Biblische Rekonstruktionisten:** Menschen, die an die wörtliche Wahrheit der Bibel glauben und meinen, die Welt müsse aktiv auf die Wiederkehr Christi vorbereitet werden.
**Bilderberg:** privater Thinktank und Diskussionsgruppe, 1954 gegründet, um den Dialog zwischen Meinungsmachern und politischen Entscheidungsträgern in Europa und Nordamerika zu befördern.
**Bioterror:** Terrorismus mithilfe biologischer Waffen wie Anthrax (Milzbrand).
**Chemtrail:** chemische Giftwolken, die durch Versprühen oder als Kondensstreifen von einem Flugzeug ausgehen.
**Central Intelligence Agency (CIA):** US-amerikanischer Auslandsgeheimdienst, 1945 als Nachfolger des Office of Strategic Services (OSS) gegründet.
**Contras:** von spanisch *contrarevolucionario* („Konterrevolutionär"); rechtsgerichtete Paramilitärs, nach 1979 im Kampf gegen die sandinistische Regierung Nicaraguas.
**Council on Foreign Relations (CFR):** privater Thinktank und Diskussionsgruppe mit dem Ziel der Verbesserung US-amerikanischer Außenpolitik und internationaler Beziehungen sowie der Talentförderung im Bereich internationaler Politik.
**Cyborgs:** hybride Wesen, teils Maschine, teils Mensch.
**Drug Enforcement Administration (DEA):** US-Behörde, zuständig für nationalen und internationalen Drogenhandel.
**Falsche Erinnerung:** fehlerhafte Erinnerungen, erzeugt von Hypnose oder anderen Therapien, die vom Individuum jedoch für echt gehalten werden (s. auch *recovered memory*).
**Federal Bureau of Investigation (FBI):** US-amerikanische Polizeibehörde, unter anderem zuständig für nationale Spionageabwehr und Terrorismusbekämpfung.
**Freie Energie:** Energie aus reichlich vorhandenen, leicht zugänglichen Quellen, deren Gewinnung nichts oder beinahe nichts kostet.
**Fundamentalist:** jede Person mit extremen Glaubensüberzeugungen, die sich weigert, die Rechtmäßigkeit anderer Überzeugungen zu akzeptieren.
**Gedankenkontrolle:** eine Person dazu bringen, etwas ohne ihre bewusste Einwilligung oder Kenntnis zu glauben oder zu tun.
**Geheimdienste:** Regierungsbehörden zur Sammlung von Geheimdienstinformationen und zur Durchführung von getarnten Operationen.
**Gehirnwäsche:** Form von geistiger Kontrolle.
**Geldwäsche:** die Einschleusung illegal erhaltenen („schmutzigen") Geldes in den Finanzkreislauf, dass es den Anschein hat, das Geld komme aus einer legalen Quelle.
**Illuminati:** in Verschwörungskreisen Bezeichnung für eine verschwörerische Gruppe allererster Ordnung, der die Manipulation der Weltgeschichte nachgesagt wird.
***Lone gunman* („Alleinhandelnder Attentäter"):** Attentäter oder Schütze, der selbstständig handelt; das Gegenteil von Verschwörung oder Komplott.
***Manchurian Candidate:*** gehirngewaschener Attentäter, der durch post-hypnotische Suggestion zum Einsatz kommt.
**Massenvernichtungswaffen:** atomare, biologische oder chemische Waffen, die Tod und Verwüstung in großem Maßstab verursachen können.
***Men in Black* (MIB):** geheimnisvolle Regierungsagenten ungeklärter Herkunft, die mit seltsamen Phänomenen zu tun haben und bei Verschleierungsaktionen eingesetzt werden.
**MI5 (Security Service):** britischer Inlandsgeheimdienst.
**MI6 (Secret Intelligence Service, SIS):** britischer Auslandsgeheimdienst.
**Militärisch-industrieller Komplex:** Verbindung von militärischen und wirtschaftlichen Interessen, beispielsweise Lieferanten und

Waffenherstellern; gemeinsam bilden sie eine machtvolle Lobby.
**Miliz:** militärische Einheiten, die aus der Zivilbevölkerung rekrutiert werden; in den USA als *militia* oft mit rechtsgerichteten *survivalists* und/oder gegen die Regierung gerichteten Gruppen gleichzusetzen.
**National Security Agency (NSA):** US-amerikanische Behörde zur Abhörung und Überwachung von Kommunikation jeder Art.
**Neokonservative (Neocons):** radikale Ideologie der Rechtswähler, die an den amerikanischen Interventionismus glauben.
**Neue Weltordnung:** in Verschwörungskreisen das Ziel einer weltweiten Verschwörung, die die Unterdrückung von Demokratie und die Versklavung der Weltbevölkerung unter einer einzigen Weltdiktatur vorsieht. In politischen Begriffen eine grundlegende Neuausrichtung globaler Kräfte.
**P2 (Propaganda Due):** eine geheime Freimaurerloge mit Verbindungen zur organisierten Kriminalität, rechtskonservativen Politik und katholischen Kirche, vor allem in Italien und Lateinamerika.
**Paramilitärs:** bewaffnete Gruppen, die keiner offiziellen staatlichen Armee oder polizeilichen Behörde angehören.
**Pentagon:** Sitz des amerikanischen Verteidigungsministeriums und Synonym dafür.
**Pseudowissenschaft:** System von Ideen und Praktiken, das zu Unrecht wissenschaftlichen Anspruch erhebt und den Anschein von Wissenschaftlichkeit benutzt, um sich selbst Autorität zu verleihen.
***Recovered memory*** **(„wiedererlangtes Gedächtnis"):** Erinnerungen, die nur durch nachträgliche Hypnose oder andere Therapieformen zugänglich sind.
***Remote viewing*** **(„Fernwahrnehmung", RV):** mentale Fähigkeit, geistig an weit entfernte Orte zu reisen, um dort Dinge zu sehen und zu hören.
***Reverse engineering*** **(„umgekehrte Konstruktion", Nachkonstruktion):** ausgehend von einem fertigen Produkt hypermoderner Technologie von Außerirdischen wird Schritt für Schritt ein technisches Produkt erstellt, das für menschliches Verständnis und menschlichen Gebrauch geeignet ist.
**Schlafparalyse:** Phänomen, bei dem der Geist des Schlafenden bewusst handelt, doch die Muskeln gelähmt bleiben. Hierunter leidende Personen berichten von Gefühlen von Angst, der Wahrnehmung seltsamer Präsenzen sowie einem Druck auf der Brust.
**Schwarze Hubschrauber *(black helicopters):*** Luftfahrzeuge ohne Kennzeichen, die von Geheimdiensten bei der Durchführung verdeckter Operationen eingesetzt werden.
**Schwarze Konten:** Geldmittel, die jenseits der öffentlichen Kontrolle zugewiesen werden, vermutlich auf illegale Weise.
**Sicherheitsdienste:** Regierungsbehörden zur Aufrechterhaltung der öffentlichen Ordnung und/oder ihrer gewaltsamen Durchsetzung; Oberbegriff für militärische, polizeiliche und geheimdienstliche Behörden.
**State Department:** US-amerikanisches Außenministerium.
**Strahlenwaffen:** Waffen, die Energiestrahlen aussenden.
**Trilaterale Kommission:** privater Thinktank und Diskussionsgruppe, 1973 gegründet, um die Zusammenarbeit zwischen Japan, Nordamerika und Europa zu fördern.
**UFO (*unidentified flying object,* unidentifiziertes/unbekanntes Flugobjekt):** im Grunde jedes unerklärliche Phänomen im Luftraum, normalerweise als Bezeichnung für ein Raumschiff von Außerirdischen verwendet.
**Ufologie:** das Studium von UFOs und ähnlichen Phänomenen, ausgeführt von Ufologen.
**Verschwörung:** geheimer Plan von zwei oder mehr Personen für eine illegale oder unmoralische Tat.
**„War on Terror":** als Reaktion auf die Anschläge vom 11. September (9/11) ausgerufene Proklamation zur Bekämpfung terroristischer Gruppen weltweit.

# Register

Seitenzahlen in *kursiv* beziehen sich auf Illustrationen.